LES ABUS SEXUELS D'ENFANTS :
INTERVENTIONS ET REPRÉSENTATIONS

© 1996, Pierre Mardaga, éditeur
Av. du Luxembourg 1 - 4020 Liège
D. 1996-0024-3

PSYCHOLOGIE ET SCIENCES HUMAINES

Sous la coordination de

Michel Born, Jacqueline Delville, Michel Mercier, E. Alfred Sand, Monique Beeckmans

les abus sexuels d'enfants
Interventions et représentations

Véronique Beeckmans, Françoise Bernard, Nathalie Burnay, Fabienne Glowacz, Yves-Hiram Haesevoets, Pascale Martin, Joëlle Meyer, Jean-Pierre Pasleau, Margarida Porto, Evelyne van Poppel

MARDAGA

Le **Fonds Houtman** a été créé dans le but d'assurer la gestion, conformément aux vœux du légataire, d'un capital important, laissé en héritage à l'Office de la Naissance et de l'Enfance, organe de référence en matière de politique de la petite enfance en Communauté française de Belgique.

Le légataire, Monsieur Herman Houtman, a en effet émis le souhait, que le rendement de ce capital soit utilisé de la manière la plus efficace en vue de venir en aide à l'enfance en difficulté physique, psychique ou sociale.

C'est dans ce but que le Fonds, dont la gestion est individualisée, s'est fixé pour objectif de financer des recherches-actions s'inscrivant dans le cadre général des orientations prioritaires de l'O.N.E.. Ces recherches-actions visent à contribuer à la recherche de modalités concrètes d'analyse et de résolution de problèmes de société ayant pour centre les familles avec jeunes enfants.

Les résultats ainsi obtenus de manière scientifique doivent permettre de faire progresser des actions de terrain et encourager des changements de comportements ou de politiques chez les professionnels de terrain.

C'est dans ce souci de continuité et d'efficacité que le Fonds soutient la publication des résultats, l'organisation de colloques et séminaires d'information ainsi que des modules de formation à l'intention des professionnels.

Le Comité de gestion a, en outre, tenu à combler une lacune en créant une récompense de haut niveau, le Prix Herman Houtman, destiné à couronner un travail de terrain important et novateur basé sur une approche scientifique qui a contribué à améliorer de façon substantielle le statut du jeune enfant dans la société.

Le Comité de gestion du Fonds, composé notamment d'experts représentant les trois grandes universités francophones de Belgique et d'un représentant de la famille Houtman, se veut aussi ouvert vers l'extérieur et soucieux de créer des synergies avec tous ceux, scientifiques et professionnels de terrain, qui sont préoccupés par le bien-être et le devenir du jeune enfant et sa famille.

Préliminaire

Le présent ouvrage résulte d'une recherche scientifique, inter-universitaire et inter-disciplinaire.

Le Fonds Herman Houtman, fondation établie en Communauté française de Belgique pour promouvoir les recherches et les actions relatives à l'enfance, a veillé au rassemblement de trois Universités — Université de Liège, Université Libre de Bruxelles et Facultés Universitaires Notre Dame de la Paix de Namur — pour traiter ce sujet complexe : **L'abus sexuel à l'égard des enfants.**

*
* *

Notre gratitude s'adresse à l'ensemble du Comité de Gestion du Fonds Houtman pour l'intérêt constant porté à notre travail et pour l'effort financier considérable consenti pour permettre une recherche d'une telle ampleur et favoriser la publication de cet ouvrage.

Nous voudrions également exprimer notre reconnaissance aux intervenants qui ont accepté de participer à nos enquêtes et à tous ceux qui nous ont fait part de leur expérience et ont stimulé nos réflexions. Nos remerciements vont aussi aux collaborateurs de recherche et aux secrétaires qui ont fourni un travail tout à fait remarquable. Nous pensons particulièrement à E. Fourny pour le secrétariat, J.P. Peters et V. Mineur pour les aspects informatiques.

Nous voudrions aussi, et ceci n'est peut-être pas d'un usage courant, nous remercier les uns les autres pour le plaisir que nous avons trouvé à travailler en collaboration dans ce qui fut réellement une équipe.

L'élaboration de cet ouvrage collectif repose sur les cinq rapports scientifiques suivants :

– **Beeckmans Véronique, Burnay Nathalie, Pasleau Jean-Pierre**, *Les intervenants et l'abus sexuel intra-familial : représentations sociales et interactions. Analyse quantitative des questionnaires et interviews*. Document n° 1, Facultés Universitaires Notre dame de la Paix de Namur, 1994, 179 p.

– **Bernard Françoise, Meyer Joëlle, Porto Margarida**, *L'intervenant et la problématique de l'abus sexuel. Analyse qualitative des questionnaires et interviews*. Document n° 2, Université de Liège et Université Libre de Bruxelles, 1994, 114 p.

– **Haesevoets Yves-Hiram**, *Phénoménologie clinique de l'abus sexuel intra-familial. Analyse descriptive et qualitative de dossiers d'intervention*. Document n° 3, Université Libre de Bruxelles, 1994, 306 p.

– **Martin Pascale**, *La question de l'abus sexuel intra-familial : place et rôle de l'enfant face à l'allégation d'abus sexuel. Étude qualitative de dossiers d'intervention*. Document n° 4, Université Libre de Bruxelles, 1994, 145 p.

– **Van Poppel Évelyne**, *L'intervenant et la problématique de l'abus sexuel d'enfants : interactions entre le judiciaire et le psycho-médico-social. Point de vue légal, analyse quantitative, analyse critique et perspectives*. Document n° 5, Université de Liège, 1994, 54 p.

Il sera fait référence à ces travaux au cours du développement thématique qui s'organise autour de quatre chapitres dans lesquels nous proposons des éléments de réponses aux multiples questions qui se posent :

– **Dévoilement et signalement d'un abus sexuel.**
Que recouvrent les notions de dévoilement et de signalement ? Quelle est la place occupée par l'enfant dans la dynamique du dévoilement ? Quelle place occupe la parole de l'enfant dans cette dynamique ? Comment se pose la question du doute dans le processus de dévoilement d'une part, dans l'acte de signalement d'autre part ? Quels sont les auteurs du signalement ? Le signalement est-il monolithique ou participe-t-il de démarches de natures différentes et plurielles ? Quelles places occupent

l'enfant, la mère, les intervenants dans le signalement? Dans quel contexte juridique s'inscrit le signalement? Faut-il rendre le signalement obligatoire?
– **Familles et intervenants.**
Quelle dynamique s'installe entre les familles et les intervenants? Comment les intervenants abordent-ils les familles à problèmes multiples ou déjà assistées? Quelles représentations des familles, de la mère, de l'enfant, de l'abuseur peut-on dégager du discours des intervenants? Quelles influences peuvent avoir les représentations sociales et les émotions des intervenants dans la prise en charge? Quelles sont les limites de l'intervention? Quelle relation les professionnels entretiennent-ils avec les familles?
– **Le système d'intervention.**
Quelle dynamique sociale et professionnelle existe-t-il entre les différents intervenants? Quels difficultés et besoins les intervenants rencontrent-ils dans leurs échanges? Comment peut-être cernée l'action des intervenants? Quelle place occupe la spécialisation et comment se développe la collaboration entre intervenants au sein d'une même institution ou avec les institutions extérieures? Quel vécu les intervenants expriment-ils face à l'allégation d'abus sexuel, face au phénomène lui-même? Comment vivent-ils l'intervention (burn out, ...)?
– **L'enfant victime d'abus sexuel intra-familial.**
Quel rôle joue la famille à l'égard de l'enfant? Comment se caractérise le système familial abusif dans lequel vit l'enfant? Quel rôle détient l'enfant dans la dynamique familiale et face à l'abus sexuel? Que recouvre l'idée d'héritage transgénérationnel? Quelles sont les caractéristiques psycho-dynamiques de l'enfant et les conséquences de l'abus sexuel? Comment se pose la question de la crédibilité de la parole de l'enfant? Quelles sont les réactions de l'enfant à l'égard de la prise en charge? Quelles interventions proposer et selon quels principes éthiques?

Une imposante bibliographie (près de 1300 références) sous-tend cette analyse et est disponible sous la forme d'un catalogue bibliographique et d'un recueil de fiches de lecture destinées à faciliter l'accès à l'abondante littérature scientifique existante. Toutefois, dans cet ouvrage, ne seront reprises que les références citées dans le texte ainsi qu'une bibliographie complémentaire des principaux documents en langue française.

Ce livre offre de manière synthétique et condensée les résultats des analyses. Il présente interprétations, hypothèses et réflexions en basant son argumentation sur les différents travaux élaborés au cours de la recherche et mis en échos les uns avec les autres. La structure de ce livre est donc le produit d'une confrontation de résultats, d'une articulation de méthodes, d'un échange pluridisciplinaire. Son originalité est à découvrir dans cette diversité et dans la complémentarité des points de vue qui tous convergent vers la compréhension d'une seule et même problématique.

Introduction

Tant pour le scientifique que pour la personne qui porte un intérêt, à un titre ou à un autre, à la problématique de l'abus sexuel, deux questions se posent d'emblée : *qu'entend-on par abus sexuel ? Est-ce un épiphénomène ou une pratique sociale ancrée et généralisée dans toute la société ?* Pour simples qu'elles apparaissent, ces interrogations n'en demandent pas moins un développement nuancé et raisonné dans une perspective anthropologique et culturelle, pour la première des réponses à donner ; dans une perspective épidémiologique pour la seconde.

Avant d'aborder les définitions et propositions terminologiques relatives à la question de l'*abus sexuel à l'égard des enfants*, nous tenons à cadrer cette question dans son contexte historique, social et culturel. La dimension sexuelle, dont il est fait mention dans cette forme particulière de maltraitance d'un adulte envers un enfant, renvoie à l'histoire humaine dans ce qu'elle a de plus intime, de plus secret, de plus privé, mais aussi, paradoxe manifeste, de plus rationalisé, de plus régulé, de plus contrôlé.

Si la question sexuelle renvoie aux lois et aux morales tant étatiques qu'ecclésiastiques, elle renvoie plus sûrement encore à la dimension éthique. Toute personne, dans sa vie sexuelle, se trouve confrontée, en conscience, à l'adéquation des pratiques et de la morale. Personne ne peut se soustraire à sa responsabilité. De même, en face de la réalité d'abus sexuels venant à sa connaissance, personne ne peut éviter le débat éthique.

Les abus sexuels sont le produit de fonctionnements familiaux et individuels inadéquats et nous interpellent sur le fonctionnement de notre société. Par leur dévoilement et leur signalement, le poids de cette interpellation est porté par la personne qui en est informée. Sur elle repose alors les questions «comment est-ce possible?» et «comment faire pour que ce ne soit plus jamais possible?». Quels que soient les appuis sur lesquels cette personne pourra compter, elle restera toujours porteuse de l'angoisse et du doute : «que faire pour bien faire?».

L'étude de l'abus sexuel s'inscrit donc nécessairement dans une approche anthropologique et éthique.

Les anthropologues et sociologues se sont intéressés à la question de l'origine de ce tabou qui fonde pour eux la vie en société.

Durkheim (1897) voit dans le clan réuni autour d'un totem — le plus souvent un animal — une première forme de vie familiale. Le sang du totem devient tabou pour les membres du clan car il est leur sang. Les menstruations des femmes du clan sont frappées du même tabou qui se traduit en interdiction de choisir une épouse du même clan. Ces considérations sont basées sur l'observation des mœurs des tribus australiennes considérées à l'époque comme les témoins les plus archaïques. Transmises sous forme de représentations, elles structurent, selon Durkheim, les rapports sociaux dans les sociétés contemporaines. D'autres auteurs ont montré l'impossibilité d'une définition centrée sur la consanguinité et la nécessité de recourir à la catégorie de l'alliance (individus susceptibles d'être épousés).

En effet, la prohibition des rapports sexuels en dehors de la famille proche suit des voies généalogiques diverses selon les sociétés. En particulier, Malinowski (1985) et Durkheim (1897) avancent des explications psycho-sociologiques (recherche d'ordre et de pérennité, consolidation du groupe, incompatibilité des rôles).

Dans *Les Structures Elémentaires de la Parenté*, Cl. Levi Strauss centre son approche sur le principe de réciprocité : «*La prohibition de l'inceste n'est pas seulement (...) une interdiction : en même temps qu'elle défend, elle ordonne. La prohibition de l'inceste, comme l'exogamie qui est son expression sociale élargie, est une règle de réciprocité.*» (Levi Strauss, 1967, p. 60). Cl. Levi Strauss se réfère à la structuration et au fonctionnement même du système de parenté, articulé autour de l'échange des femmes selon un ensemble de règles bien précises.

Dès la fin du XIXᵉ siècle, quelques précurseurs étudient le rôle traumatique d'un événement sexuel précoce dans la genèse de la psychopathologie. Depuis Freud, la reconnaissance de la réalité des abus sexuels à l'égard des enfants et de leurs conséquences psychopathologiques s'est progressivement affirmée. La plupart des psychanalystes associent le tabou de l'inceste avec celui du meurtre et du cannibalisme, et considèrent le passage à l'acte incestueux comme la non élaboration des fantasmes œdipiens, fondamentaux à la structuration de la personnalité. Lacan précise que l'enfant ne peut avoir accès au symbolique que par le concours de la Loi édictée par le père, celle qui signifie l'interdit de l'inceste. La découverte par Freud du traumatisme sexuel précoce marque dès la fin du XIXᵉ siècle la pensée scientifique. Selon la théorie freudienne, les «relations sexuelles vécues au cours de l'enfance», dont les mots utilisés pour les décrire sont : viol (Vergewaltigung), abus (Missbrauch), séduction (Verführung), attaque (Angriff), traumatisme (Traumen), sont à l'origine d'un traumatisme psychique important, déclencheur de symptômes hystériques. Quant à la théorie freudienne du complexe d'Œdipe, elle renvoie à «*l'interdiction tabouïque, c'est-à-dire celle de l'inceste*» (Lebovici, 1985) et rejoint la théorie de la prohibition universelle de l'inceste.

Freud croise ainsi d'autres précurseurs anthropologues et sociologues et s'inspire de Darwin. Dans les hordes primitives, le mâle dominant s'impose et interdit aux autres les relations sexuelles. Les jeunes mâles, les fils, vivent des sentiments ambivalents d'admiration et de haine envers le «père». S'ensuit le meurtre du père et la possession de ses femmes. La culpabilité qui en résulte fonde, à travers les générations, la prohibition de l'inceste qui assure le passage de l'animalité à la culture. La transmission des tabous nous sauve de la violence et du chaos en installant la société et son ordre.

L'intégration et la transmission des interdits structurent, du même coup, la personnalité humaine, les échanges et les rapports humains, et l'existence même de la société. Pour Freud, l'inceste est donc la conséquence d'une non énonciation claire de l'interdit qui entraîne angoisse, symptôme et confusion psychique. L'inceste correspond à un trouble du façonnement et de l'attachement psycho-affectif qui laisse la famille se clore sur elle-même. Ignorer l'interdit, c'est ne pas établir les catégories affectives nécessaires aux transactions du clan et risquer de transmettre à la génération suivante le trouble hérité de la précédente.

Comme on le voit, l'ensemble de ces travaux porte essentiellement sur la compréhension du tabou et de son rôle fondateur et structurant du point de vue social et psychosocial. On reste à distance des faits d'inceste en eux-mêmes. Dans son livre *L'enfant sous terreur*, Alice Miller (1986) montre comment Freud lui-même a reculé devant la confrontation à l'abus sexuel d'enfants. En développant sa théorie des pulsions, Freud attribue à l'enfant — dans la phase dite phallique — des besoins sexuels qui l'orientent naturellement vers le parent de sexe opposé. Ce faisant, Freud, selon ses propres dires, va minimiser la part de la réalité dans son approche des faits d'abus sexuels subis par des enfants et laisser une large place en contrepartie au domaine de l'imaginaire.

Dans toute société, l'obligation d'être adulte doit passer par l'intégration et la transmission des interdits en tant que structures qui organisent les échanges et les rapports humains. Fondée, depuis ses origines, sur des principes d'attachement et de séparation, la loi qui interdit l'inceste est vivante et naturelle. Même s'il est présent émotivement, l'interdit doit s'énoncer, parce que comme nous l'avons signalé sa non énonciation implique angoisse, symptôme, inhibition et confusion psychique.

1. DE L'INCESTE À L'ABUS SEXUEL

Etymologiquement, *inceste* est un nom (fin XIIIe siècle) emprunté au latin classique de *incestum* qui signifie «sacrilège» et de *incestus* qui signifie «impur, souillé», formé de *in* et de *castus*, terme de la langue religieuse signifiant «qui se conforme aux règles et aux rites». La spécialisation du sens a eu donc lieu en latin, l'acte sexuel entre proches parents étant considéré comme l'impureté par excellence[1].

La problématique de l'abus sexuel s'inscrit dans celle de l'inceste tout en la dépassant. **L'inceste ne constitue qu'une des formes d'abus sexuel. Cependant, on constate que les situations d'inceste — abus sexuels intra-familiaux — représentent la majorité des situations d'abus sexuels révélés** comme le met en évidence bon nombre des recherches réalisées jusqu'à présent dans ce domaine. Précisons d'ores et déjà qu'en ce qui concerne cette recherche, les intervenants de la Communauté française de Belgique mentionnent que les situations d'abus sexuels auxquels ils ont été confrontés dans leur pratique sont dans 84 % des cas, des situations d'abus sexuel intra-familial. En outre, parmi les dossiers d'intervention analysés, 85 % concernent des situations d'abus sexuel intra-familial.

Tant le caractère universel de la prohibition de l'inceste que la discordance entre la libéralisation et le caractère tabou de la sexualité dans notre société occidentale contemporaine nous amènent à aborder la question de l'abus sexuel à l'égard d'enfants dans sa dimension phénoménologique, c'est-à-dire en ce que ce phénomène interpelle l'individu au plus profond de son intimité, en ce qu'il crée un retentissement certain en chacun. Ce retentissement est d'autant plus certain qu'il concerne les personnes de manière directe (victime, abuseur, tiers) ou plus indirecte (professionnels ou non, confrontés au problème).

La prise en compte de l'expérience subjective nous amène à mieux comprendre la diversité des significations et des réactions face à l'abus sexuel ; toutefois, chaque individu, avec ses perceptions, ses représentations, ses expériences, ses appartenances sociales fait partie intégrante d'un univers à dimensions multiples dont les éléments sont en interaction constante.

Rendre à chaque individu sa place en tant que récepteur et acteur de la société dont il fait partie, c'est aussi s'interroger sur notre propre place de chercheur. Acteur social à part entière, il nous incombe d'assumer nos responsabilités face à la problématique de l'abus sexuel, de nous questionner au sujet des valeurs que nous voulons promouvoir, des pistes d'action que nous pensons devoir ouvrir. L'orientation du chercheur commence avec les choix conceptuels.

L'expression *abus sexuel* que nous avons retenue a cet avantage de ne réduire le phénomène ni aux sévices sexuels, ni à la violence sexuelle, ni à l'exploitation sexuelle. **Moins restrictive donc, cette expression reflète, en outre, l'idée qu'il n'existe pas de relation sexuelle appropriée entre un enfant et un adulte et sous-entend que la responsabilité de l'acte est attribuée à l'adulte de façon exclusive.** Le caractère sexuel de la relation abusive ne se limite pas à l'aspect génital ; il s'agit d'attitudes ou de comportements sexualisés, d'ambiances ou de climats incestueux, d'actes ou de gestes par lesquels l'adulte obtient une gratification affective et sexuelle.

Diverses définitions existent de l'abus sexuel à l'égard d'enfants : ces définitions peuvent être sophistiquées, telles celles de la communauté scientifique, ou plus sommaires ; elles peuvent être légales, morales, psychologiques, médicales et varier en fonction du contexte sociétal et culturel ainsi qu'au fil de l'histoire et des buts poursuivis. La définition à laquelle nous nous référons, dans le cadre de cette étude, est celle proposée par R.S. Kempe et C.H. Kempe (1978) : «*Implication d'enfants et d'adolescents dépendants, immatures dans leur développement, dans des activités sexuelles dont ils ne comprennent pas pleinement le sens, ou pire, violant les tabous sociaux concernant les rôles familiaux*».

Dans cette définition, la dimension sociologique de l'abus sexuel est bien mise en évidence. L'auteur situe, d'abord, le problème dans la dynamique du développement psychologique et social de l'enfant; ensuite, il inscrit la relation abusive dans une logique de signification; enfin, il réfère à la transgression de règles ou de normes sociales et familiales. Cette définition induit toute la relativité sociale et culturelle de ce qu'il convient de nommer une relation adéquate ou inadéquate, affective ou abusive. Elle ne prétend pas, par ailleurs, cerner les multiples dimensions de cette problématique. Elle n'introduit pas, par exemple, de distinction entre l'abus sexuel intra-familial et l'abus sexuel extra-familial et ne spécifie pas la nature de ces activités sexuelles. Et pour cause, ces dimensions appartiennent déjà au registre de l'analyse.

La définition légale réfère, quant à elle, au délit, à l'attentat à la pudeur, au crime et au viol, comme précisé dans les codes pénaux belge et français.

Nous décomposerons la notion d'abus sexuel en quatre points. Il s'agit pour nous :

– d'un abus de pouvoir;

– orienté vers l'intimité corporelle;

– entre un adulte et un enfant ou entre pairs;

– au sein de la famille ou à l'extérieur du cercle domestique.

Cette caractérisation de l'abus sexuel est volontairement extensive; elle correspond à notre perspective de recherche. En effet, nous sommes conscients que toute définition varie en fonction de l'utilisation concrète qui en est faite (les perspectives du chercheur, du clinicien, de l'intervenant social, du juriste et des services de l'ordre ne sont pas forcément superposables) et dépend du contexte social, culturel et historique. L'approche que toute société développe à l'égard de l'abus sexuel est liée au rapport qu'elle établit entre les intérêts de l'État, de la Famille et de l'Enfant.

2. PERSPECTIVE ÉPIDÉMIOLOGIQUE

Les abus sexuels reconnus par l'opinion publique et par les professionnels représentent un phénomène impressionnant soulevant la question de leur nombre.

Cette question contient une double préoccupation : celle de connaître l'importance quantitative du phénomène ; celle de savoir si ce phénomène tend à augmenter en fréquence.

La visibilité croissante de l'abus sexuel à l'égard des enfants indique-t-elle une augmentation du phénomène ou participe-t-elle au développement d'une prise de conscience et donc d'une mise à jour de ce qui restait étroitement confiné dans le secret?

Selon nombre d'auteurs et plus particulièrement P. Strauss : «*Il semble que la prise de conscience de l'importance du phénomène tient moins à l'augmentation réelle de sa fréquence, bien que celle-ci soit probable, qu'à la conjonction dans ces dernières années de deux groupes de sensibilisation. D'une part, les mouvements féministes, d'autre part, les associations créées pour lutter contre les mauvais traitements et négligences envers les enfants.*» (Strauss, 1985, p. 35-36).

Aujourd'hui, la littérature scientifique ou d'intérêt général concernant les abus sexuels à l'égard des enfants est imposante et semble refléter cette prise de conscience de l'existence d'un problème psychosocial. Ce n'est pourtant qu'à partir des années 80 que les livres, publications et documents ont commencé à foisonner en Europe, les premiers travaux apparaissant dans les années 70 sur le Continent Nord-Américain. La perspective de ces recherches est pluridisciplinaire et multidimensionnelle : historique, éthologique, sociologique, anthropologique, psychiatrique, psychologique, psychanalytique, systémique, criminologique, pédiatrique, gynécologique, épidémiologique.

Diverses études nous fournissent des données quantitatives basées, le plus souvent, sur des études rétrospectives menées à partir d'échantillons d'adultes et visant à estimer l'ampleur du phénomène.

Aux **Etats-Unis**, selon le rapport Kinsey, une recherche portant sur un échantillon de quatre mille femmes américaines prises au hasard rapporte que 25 % d'entre elles avaient eu une expérience à caractère sexuel avec un adulte avant l'âge de treize ans. Une enquête sociologique rétrospective portant sur sept cent nonante-six étudiants montre que 19 % des femmes ont été victimes d'abus sexuels dans leur jeunesse dont la moitié avant l'âge de douze ans (Finkelhor, 1980). En vue de déterminer la prévalence et la fréquence de la violence sexuelle intra et extra-familiale, neuf cent trente femmes se prêtent à une interview approfondie à San Francisco : 16 % d'entre elles déclarent avoir été abusées sexuellement dans leur famille avant l'âge de dix-huit ans, dont 12 % avant l'âge de quatorze ans (relation incestueuse avec le père biologique dans 3 % des cas); 31 % des femmes déclarent avoir été abusées à l'extérieur de la famille avant l'âge de dix-huit ans, dont 20 % avant l'âge de quatorze ans. Seulement, 2 % des abus sexuels intra-familiaux et 6 % des abus sexuels extra-familiaux ont fait l'objet d'un signalement à la police (Russell, 1983).

Au *Canada*, le rapport du Comité Bagdley (1984) sur les agressions sexuelles illustre l'importance épidémiologique du phénomène : selon les résultats d'un sondage mené auprès d'un échantillon représentatif d'adultes, une femme sur deux et un homme sur trois ont, à un moment donné de leur existence, été victimes d'actes sexuels non désirés; quatre sur cinq de ces actes ont été commis pendant l'enfance ou l'adolescence; 4 % des femmes ont été violées et 2 % des hommes ont subi des tentatives de pénétration; un agresseur sur quatre est un membre de la famille ou une personne de confiance et un agresseur sur six est un étranger.

Lors du Congrès International de Sydney 1986, les participants s'accordent pour affirmer qu'une fille sur huit et un garçon sur dix sont victimes d'un abus sexuel avant l'âge de dix-huit ans.

En *France*, les quelques données recueillies ne représentent qu'une évaluation très approximative de la situation. En effet, M. Gabel (1987) précise qu'il n'existe pas d'études épidémiologiques; le phénomène ne peut être connu qu'à travers quelques recherches partielles telles que l'étude de Deltaglia (1987), l'enquête réalisée par le Centre de recherche sur l'enfance et l'adolescence (1988), l'enquête du Centre inter-universitaire de médecine préventive de Grenoble (1989), celle relative au Projet régional d'observation des maladies sexuellement transmissibles, dans la région Rhône-Alpes (1989) notamment. Les grandes tendances qui émergent de ces études sont : les victimes sont des enfants jeunes, le début de l'inceste se situe le plus souvent avant l'âge de dix ans, les abus ont souvent lieu dans l'environnement proche de l'enfant, la majorité des victimes gardent l'événement secret, et selon les enquêtes, le pourcentage des femmes déclarant avoir subi un ou plusieurs abus sexuels varie entre 5 et 10 %. Une étude effectuée en avril 1989 par l'Institut de sondage BVA dans la région Rhône-Alpes, auprès de mille cinq cent onze personnes de 18 à 60 ans, indique que 6,2 % des personnes interrogées déclarent avoir été victimes d'abus sexuels avant leur majorité (deux femmes pour un homme). Cinquante pour cent des abus sexuels sont perpétrés sur des enfants non pubères (Ministère de la Solidarité, 1989).

En *Belgique*, depuis 1979, le nombre de signalements de cas de mauvais traitements auprès des Equipes médecins-confidents ou des Equipes SOS-Enfants, n'a cessé d'augmenter. Dès 1984, le nombre de cas de violence sexuelle sur les enfants s'est accru de manière considérable. Selon une étude réalisée à Anvers, portant sur cent quarante cas d'inceste, 37,5 % des victimes ont moins de dix ans, dont 16,7 % moins de cinq ans (Lampo & Michiels, 1987). L'étude («Les femmes confrontées à la violence physique et sexuelle») réalisée en 1988 à l'Université de Liège (Glowacz & Bawin) avec le Centre Universitaire du Limbourg (Prof. Bruynooghe) présente les résultats d'une enquête par questionnaire structuré réalisée à partir d'un échantillon probabiliste de neuf cent cinquante-six femmes belges âgées de 30 à 40 ans.

Selon cette étude, 18,9 % de la population totale examinée s'est trouvée confrontée à la violence sexuelle durant l'enfance; 2 % des femmes (dix-neuf femmes) ont été victimes d'abus sexuels commis par un membre de la famille restreinte (père, frère ou beau-père) avant l'âge de 21 ans; 4,5 % des femmes (quarante-trois femmes) ont été victimes d'abus sexuels commis par un membre de la famille élargie (oncle, grand-père...) avant l'âge de 16 ans.

La grande difficulté à avancer fût-ce une estimation de la fréquence de l'abus sexuel réside tout à la fois dans le caractère secret et non avoué de l'événement, dans la disparité des définitions de l'abus sexuel et dans les biais méthodologiques incontournables relatifs à la constitution d'échantillons représentatifs.

Si notre recherche ne se centre pas sur la fréquence relative des abus sexuels eux-mêmes, elle met toutefois en évidence l'idée d'une augmentation du nombre de cas rencontrés par les intervenants.

Dans toutes les catégories socio-professionnelles et institutionnelles, certains intervenants se sont attachés à dépister d'éventuelles situations d'abus sexuel sur des enfants, ceux-là ont vu se multiplier ces situations. D'autres n'en rencontrent toujours pas ou fort peu.

Une attention croissante est accordée au phénomène des abus sexuels et sa visibilité sociale s'en trouve développée : on ose en parler — témoigner — on développe des programmes de prévention auprès des enfants incitant à la levée du secret. Cette évolution globale semble se traduire également chez les professionnels par un intérêt et une implication de plus en plus significatifs dans des formations qui proposent diverses approches techniques de la problématique des abus sexuels.

Cette logique est manifeste aussi dans l'opinion et dans l'information développée par les médias au point que l'on peut souligner une large médiatisation des abus sexuels sur des enfants, médiatisation qui peut en elle-même poser question.

Dans ce cadre, le langage utilisé et les interrogations formulées de manière souvent très tranchée situent les discours dominants dans le domaine de la morale. C'est une condamnation brutale et globale de l'abus sexuel mais aussi de l'abuseur lui-même qui constitue l'essentiel des réflexions sur ces questions. Nous touchons à un tabou fondamental de notre système culturel. La transgression entraîne pour l'abuseur un rejet social et relationnel impressionnant. La grande majorité des personnes interrogées ne semble pas s'intéresser aux conséquences de l'abus pour l'abuseur, cette thématique n'ayant pour eux aucune importance. L'attention positive est plutôt reportée sur l'enfant.

Au-delà de ce constat, diverses questions se posent. Cette focalisation sur l'enfant socialement et culturellement assez récente ne se traduit-elle pas en une véritable sacralisation de l'enfant? Une sacralisation en elle-même abusive dont l'enfant ferait à nouveau les frais : une fois le choc du scandale dépassé, peu d'intervenants s'investissent, selon notre enquête, dans un suivi effectif de l'enfant.

Le report massif sur la sacralisation de l'enfance dans nos références culturelles contemporaines ne correspond-il pas à un recul général du sacré? C'est paradoxalement un relativisme culturel et moral qui gagne ainsi du terrain. Derrière l'apparente unanimité des condamnations de l'abuseur c'est pourtant un relativisme en progression que nous avons pu découvrir dans le flou des points de repère éthiques concernant l'abus lui-même. Seuls 16 % des interviewés intègrent explicitement une dimension morale et éthique dans leur définition libre de l'abus sexuel.

Notre constat rejoint les réflexions de A. Louis (1993) sur le passage progressif de nos sociétés vers des modèles autoréférentiels. Selon cette approche, les sociétés traditionnelles fondent les axes centraux de leurs systèmes culturels sur des dimensions hétéroréférentielles. Les valeurs qui structurent ces modèles culturels sont reçues en référence à des réalités jugées supérieures. Les hommes se réfèrent à ce qui les dépasse, à ce dont ils estiment ne pas pouvoir disposer. Cette transcendance des valeurs fonde évidemment les démarches religieuses mais aussi, et bien plus largement, les constructions morales ou légales qui structurent nos comportements sociaux. Avec l'avènement des sociétés industrialisées, c'est au contraire une prétention, naïve mais radicale, à la maîtrise scientifique et technique de toutes les réalités qui met à mal toute forme d'hétéroréférentialité. Nos sociétés évolueraient ainsi vers des modèles purement autoréférentiels : il nous revient de fixer nous-mêmes et à partir de nous-mêmes nos propres références sociales et même morales. Plus rien d'autre ne nous oriente que notre propre décision.

On aboutit ainsi régulièrement à certaines questions comme celle suscitée par une conception simpliste de la dynamique démocratique où devient acceptable tout ce qu'une simple majorité de citoyens considèrent comme tel. Ce glissement provoque d'ailleurs régulièrement des appels vigoureux à ce que nos sociétés réinvestissent dans des réflexions éthiques plus précises, construites et responsables.

Il faut bien constater que nous n'en trouvons guère d'exemples et que l'opinion publique évolue au contraire au gré de l'impact souvent sauvage et largement incontrôlé des médias.

Or il semble qu'il s'agit là d'un défi et d'une responsabilité que doivent rencontrer nos sociétés autoréférentielles. Certains voudraient refuser d'affronter ce défi et ces dangers en retournant à des références plus rigides. Outre le fait que l'efficacité des systèmes sociaux traditionnels dans le contrôle des comportements abusifs semble radicalement discutable, ce type de réaction fondamentaliste paraît surtout irréaliste et illusoire face à ce que nous pouvons observer et connaître de l'évolution des sociétés contemporaines.

Notre recherche confirme que les abus sexuels sur des enfants constituent bien un phénomène culturel global qui doit être rencontré et géré comme tel. Les intervenants interviewés penchent d'ailleurs dans ce même sens lorsqu'ils appellent à la prévention la plus large tant dans ses moyens que dans les publics visés. Il ne s'agit d'ailleurs en aucun cas d'un phénomène lié à des conditions socio-économiques spécifiques : 88 % des intervenants excluent tout lien particulier avec l'appartenance au quart-monde; ce chiffre monte à 90 % pour l'immigration et à 96 % pour le monde rural. Toutes les catégories sociales en sont donc bien atteintes. Cette implication très large et très ouverte des systèmes abusifs dans la vie sociale nous renvoie au second écueil que cache la sacralisation de l'enfance celui d'une sur-responsabilisation, d'une adultification de l'enfant. Beaucoup de politiques et de moyens de prévention pêchent en ce sens. Les plus répandus — vidéos ou pièces de théâtre — s'adressent aux enfants de 6 à 12 ans. Ceux-ci représentent paradoxalement le premier public atteint jusqu'ici par ces campagnes.

Ainsi, c'est l'enfant qui est informé, sur ses épaules repose alors tout le poids du refus et bien souvent de la dénonciation des faits. Lui qui devrait être un acteur particulièrement protégé, se trouve, au contraire, souvent chargé — dans le concret — de l'essentiel des responsabilités.

La culpabilisation de l'enfant est d'ailleurs une des difficultés majeures à traiter en priorité.

L'intimité et la force de la relation avec l'adulte abuseur, l'angoisse de la perte de cette relation souvent vitale, la violence des réactions familiales après la dénonciation des faits, voire même l'explosion du système familial amènent l'enfant à se charger de la culpabilité et de la souffrance alors que les abuseurs se disculpent le plus souvent.

C'est peut-être ainsi dans cette sur-responsabilisation, dans cette «négation de l'enfance» que se joue une des dimensions les plus lourdes de conséquences de l'abus sexuel. L'enfant qui a été nié dans la relation abusive, utilisé dans la sexualité abusive de l'adulte, se voit au-delà des faits confirmer cette confiscation de son enfance dans toutes les conséquences sociales de l'abus.

Nous rejoignons ainsi une des réflexions centrales de la plupart des auteurs qui voient dans l'abus avant tout un acte de domination, d'abus de pouvoir d'un adulte sur un enfant.

L'enjeu central de toute intervention est peut-être de décharger autant que faire se peut, de réaffirmer, dans un accompagnement concret, le droit de l'enfant à l'enfance.

NOTE

[1] Dictionnaire historique de la Langue Française, sous la direction d'Alain Rey, Paris, 1992, Dictionnaire Robert.

Méthodologie

Pascale MARTIN

«*L'apport au développement d'un domaine de connaissance doit démontrer une forme d'originalité ou d'inédit. En d'autres termes, une recherche doit développer un nouveau savoir. Cependant, il faut apporter une précision sur la nature de ce savoir. De façon simplifiée, disons qu'il y a le savoir théorique et le savoir pratique. (...) Le savoir pratique peut se concevoir avant tout comme un savoir sur l'action (...). Le savoir théorique, pour sa part, s'intéresse avant tout à l'objet en soi et se doit d'être détaché du contexte pour atteindre son pouvoir de généralisation.*» (Bouchard et Gélinas, 1991, p. 8-9).

1. LA MÉTHODE ET SON OBJET

L'élaboration méthodologique de toute recherche est déterminée par son objet. Comme l'expriment Y. Bouchard et A. Gélinas, «*Pour être acceptable, une recherche doit d'abord s'attaquer à quelque chose de faisable si on veut être en mesure d'en assurer la vérifiabilité*» (1991, p. 8). Selon ces auteurs, la vérifiabilité tient moins à la réplicabilité (propre au travail en laboratoire) qu'à l'explicitation de la démarche qui permet «*de connaître le déroulement d'une recherche et partant d'en apprécier la logique interne et sa qualité*» (1991, p. 7).

Bien que la problématique étudiée soit «*les enfants victimes d'abus sexuel*», nous ne pouvons organiser l'étude sur base d'une «enquête» auprès des enfants et de leurs familles. Une telle démarche participerait, sans conteste, au développement de la connaissance du problème et serait d'un grand intérêt pour la recherche, cependant elle ferait peu cas des balises déontologiques et éthiques. Tout chercheur doit constamment avoir à l'esprit que sa recherche est une forme d'intervention (Martin, 1991) et que «*les intérêts du chercheur ne doivent pas avoir priorité sur la dynamique produite dans le milieu*» (Savoie-Zajc, 1992, p. 13).

C'est à travers le *discours de l'intervenant* que l'on se donne la possibilité d'accéder à ce phénomène. Deux types de discours servent de lieu d'ancrage à l'étude : le discours verbal émanant de l'interaction enquêteur — enquêté et le discours écrit résultant de la confection d'un dossier d'intervention. Tout discours, quel que soit le contexte dans lequel il se produit, véhicule valeurs et représentations sociales et s'inscrit dans une pratique quotidienne et une histoire de vie spécifiques. Les praticiens construisent et présentent une réalité sociale de l'abus sexuel; c'est de cette réalité là que nous voudrions traiter.

Avant de préciser l'objet d'étude et d'établir le lien entre *la problématique et le recueil des données*, abordé dans le développement méthodologique qui suit, nous souhaitons nous attarder un instant encore sur les limites de la recherche.

2. LIMITES DE LA RECHERCHE

L'absence de contact direct avec les personnes dépositaires d'un savoir propre et authentique sur l'abus sexuel et le recours au discours de l'intervenant, pointé comme interlocuteur privilégié, constitue, nous l'avons sous-entendu, une des limites fondamentales de la recherche.

Deux autres limites sont imposées par le phénomène étudié lui-même dont l'appréhension est rendue extrêmement difficile par le caractère secret et tabou de cette forme de maltraitance. Le fait que les situations connues ne sont que la partie visible de l'iceberg présente un premier biais. Nombre d'auteurs et de praticiens insistent sur cet aspect qui détermine toutes les recherches entreprises sur ce phénomène et conduit le chercheur à recentrer, de manière permanente, son discours sur cette population spécifique.

Spécifique, cette population l'est à un autre titre : seules, les situations faisant l'objet d'une intervention sont concernées. Un second biais existe donc, lié à l'effet du contrôle social. Si la plupart des auteurs s'accordent pour dire que tous les milieux sociaux sont touchés par cette forme de maltraitance à l'égard des enfants, ils précisent que, seules, certaines fractions ou catégories sociales sont repérables et repérées. C'est une population identifiée «à risques» qui est retenue dans les mailles du filet de l'intervention.

Ces biais interdisent, dès lors, de présenter l'objet d'étude de manière globale d'autant plus que la recherche s'est orientée vers la problématique de l'abus sexuel intra-familial.

3. DÉVELOPPEMENT MÉTHODOLOGIQUE

Un développement méthodologique rigoureux et cohérent consiste à expliciter les liens qui s'établissent entre les objectifs spécifiques définis, les méthodes et techniques mises en œuvre, les analyses et interprétations produites. On distingue quatre niveaux et les liens qui les associent de façon (méthodo)-logique : de la problématique au recueil des données, du recueil des données à l'analyse, de l'analyse à l'interprétation.

3.1. De la problématique au recueil des données

3.1.1. L'enquête auprès des intervenants

Connaître les positions et dispositions qu'adoptent les intervenants face au problème de l'abus sexuel constitue un premier objectif général de recherche. Cet objectif vise à cerner les attitudes, les opinions et les représentations des intervenants confrontés à l'abus sexuel ou susceptibles de l'être. En outre, la mise en évidence de modes de prise en charge effectivement proposée ou souhaitable ainsi qu'une approche des difficultés rencontrées en situation concrète mais également des ressources potentielles ou réelles, mobilisées ou mobilisables dans la pratique sociale, permettent d'aborder la dynamique de l'action sociale menée sur le terrain, second objectif général de recherche.

Pour répondre à ces préoccupations, une **enquête auprès des intervenants** est mise en œuvre. Plusieurs types d'intervenants sont ciblés et identifiés comme ayant une position et une implication particulières face à l'abus sexuel à l'égard des enfants : les intervenants des réseaux judiciaire, médical, éducatif et psycho-social. L'enquête auprès des intervenants se présente en deux temps, ou encore, se compose de deux volets à la fois distincts et subordonnés : une enquête globale par voie postale doublée d'une enquête approfondie par entretiens directifs avec questionnaires. La première enquête engage un développement systématique et de grande envergure; la seconde favorise une démarche plus circonscrite et approfondie.

Deux logiques dominent donc dans l'enquête auprès des intervenants : une logique dite de «potentialité» et une logique dite de «spécificité». La logique de «potentialité» signifie que nous nous intéressons à tout intervenant susceptible d'être confronté, à un titre ou à un autre et à un moment ou à un autre de sa pratique, à la question de l'abus sexuel à l'égard d'enfants; la logique de «spécificité» signifie que notre démarche s'adresse de manière spécifique aux intervenants effectivement confrontés au problème.

L'enquête globale par voie postale

L'enquête globale par voie postale s'adresse à un grand nombre d'intervenants de la Communauté française de Belgique. Cette enquête postale engage le recueil de données concernant l'estimation du nombre de cas d'abus sexuels rencontrés, le type d'institutions particulièrement concernées, les ressources et difficultés rencontrées lors de la mise en contact de l'intervenant avec ce problème. En plus de cette finalité intrinsèque, une finalité extrinsèque se présente, celle de pouvoir définir la population de l'enquête par entretiens directifs.

La nécessité de viser un grand nombre de structures d'intervention, le besoin de maintenir dans une première phase le caractère «tout venant» des institutions et l'intérêt de privilégier le contenu du discours des intervenants face à l'abus sexuel sont les trois éléments précisés et délibérément pris en compte dans l'équation méthodologique.

Viser **le plus grand nombre de structures possibles** s'inscrit dans une exigence de représentation d'une pluralité de pratiques sociales et de logiques d'intervention. Les recours sont multiples et les structures ne fonctionnent pas isolément. Leur présence, effective ou présumée, à l'un ou à l'autre des stades des processus de dévoilement et de prise en charge, indique la nécessité d'une approche non cloisonnée. Conscients, par ailleurs, de l'importance du rôle des structures non spécifiques ou d'**intervenants «tout venant»**, une attention particulière a été accordée à la diversité des structures. Elles sont formelles ou informelles, ponctuelles ou permanentes, spécifiques ou plus générales, susceptibles d'être confrontées ou déjà confrontées à la question de l'abus sexuel à l'égard d'enfants. Une interrogation centrale et déterminante dans l'étude concerne, en effet, la diversité des réponses offertes sur le terrain, thématique resituée dans celle, plus précise, de la spécialisation.

Nombre d'envois : 2 973
Nombre de réponses : 1 327

Catégories institutionnelles (cf. Annexe)

Police / Gendarmerie	173
Médecins généralistes	100
Ecoles	96
Justice / Service d'Aide à la Jeunesse	47
Services médicaux	36
Equipes SOS-Enfants et spécialisées	14
Hébergement	132
Inspection médicale scolaire et Centres psycho-médico-sociaux	109
Centres d'accueil et d'animation	93
Centres de santé mentale et de consultation	132
Travailleurs médico-sociaux de l'ONE	395

L'enquête approfondie par entretiens directifs

L'enquête approfondie par entretiens directifs constitue le second volet de la démarche engagée auprès des intervenants.

En effet, face à ce problème psychologiquement et socialement impliquant, et qui plus est marqué du sceau du secret, le chercheur se doit également de privilégier l'écoute attentive et inscrire la collecte des données dans une dynamique d'entretiens avec les intervenants. Opter pour l'entretien de type directif signifie que l'on privilégie la relation enquêteur-enquêté en accordant de l'importance à la présence de l'enquêteur en vue d'assurer une plus grande fiabilité des données recueillies, et que l'on canalise, en outre, l'entretien dans un questionnaire pourvu d'interrogations précises et systématiques et de plages ouvertes à des explications plus construites de la part des intervenants.

Les grandes orientations du questionnement s'inscrivent dans la dualité suivante : une approche du cadre socio-professionnel et institutionnel de l'intervenant; une approche de l'intervenant comme acteur social face à l'abus sexuel (modes d'intervention et d'action).

Nombre d'entretiens directifs réalisés : 194

Catégories institutionnelles (cf. Annexe)

Police	8
Gendarmerie	8
Médecins généralistes	15
Ecoles	20
Justice	14
Service d'Aide à la Jeunesse	6
Services médicaux	19
Equipes SOS-Enfants et spécialisées	16
Hébergement	19
Inspection médicale scolaire et Centres psycho-médico-sociaux	19
Centres d'accueil et d'animation	19
Centres de santé mentale et de consultation	20
Travailleurs médico-sociaux de l'ONE	11

3.1.2. L'étude de dossiers d'intervention

L'accès aux dossiers d'intervention rend possible le développement d'une orientation davantage centrée sur l'étude d'une population spécifique. Les objectifs qui président cette partie de l'étude sont la description de situations rencontrées par l'institution d'accueil et la mise en évidence des modes de dévoilement et de prise en charge ainsi que les filières d'arrivée des enfants à l'intervenant spécialisé.

Les dossiers de l'Equipe SOS-Enfants (ULB)

L'étude porte sur les dossiers d'intervention de l'Equipe SOS-Enfants installée dans les bâtiments de l'Hôpital Saint Pierre de l'Université Libre de Bruxelles. Grâce à son implantation au sein de l'hôpital mais également en raison de la situation géographique et de l'histoire de l'hôpital, cette structure spécialisée en matière de maltraitance et d'abus sexuel des enfants constitue un lieu d'observation privilégié. On y rencontre une population aux caractéristiques sociales, économiques, culturelles diversifiées et les demandes d'expertises adressées à l'Equipe SOS-Enfants renforcent encore ce caractère diversifié de la population.

L'existence et l'accessibilité de données, inexplorées jusqu'à ce jour dans une perspective de recherche, justifient pleinement l'étude de ces dossiers d'intervention médico-psycho-sociale qui présentent un matériel riche et dense bien que concernant une population clinique. Insistons donc sur le fait qu'il ne s'agit pas d'un échantillon représentatif et rappelons le caractère qualitatif de la démarche, il ne s'agit pas d'une étude épidémiologique.

Le statut des données disponibles

On indiquera, tout d'abord, le caractère rétrospectif des données contenues dans les dossiers. Les dossiers qui font l'objet du dépouillement et de l'analyse sont au nombre de cent quarante et concernent les années 1990 (suivi des dossiers ouverts avant cette année et ouverture de nouveaux dossiers), 1991 (nouveaux dossiers) et début 1992 (nouveaux dossiers). Tous les dossiers ont été sélectionnés de manière systématique et chronologique endéans cette période de temps. Parmi ces cent quarante dossiers, cent dix-huit concernent la problématique de l'abus sexuel intra-familial. En outre, on distinguera deux types de dossiers : les dossiers-SOS et les dossiers-Expertise.

Quant au statut proprement dit des données, nous précisons les points suivants. Les données dont le chercheur dispose sont celles contenues dans les dossiers d'intervention, retranscrites par l'intervenant dont l'objectif est l'action et la prise en charge. Les dossiers n'ont pas été constitués dans une perspective de recherche, ils existent bien avant la recherche. Les données transcrites sont hétérogènes et présentent des particularités : spécificité des écrits selon qu'il s'agit d'entretiens thérapeutiques, d'entrevues, de tests psychologiques, de synthèses d'équipe, de rapports d'expertise, de rapports d'hospitalisation, de courriers divers. Elles reflètent inévitablement des déformations liées à l'écoute et à la retranscription sélectives de l'intervenant dans la dynamique de la prise en charge, à l'ordre du raisonnement au moment de l'entretien, à la liberté personnelle dans la gestion pratique du dossier. Nous travaillons donc sur un discours écrit, celui que l'intervenant élabore sur base de la situation qu'il perçoit.

Le dépouillement des dossiers

L'étape préalable et initiale de l'analyse est celle du dépouillement des dossiers. Le dépouillement, certes tributaire de la lisibilité du dossier, est néanmoins structurant. Il se réalise selon trois axes thématiques. L'approche de l'enfant et de la dynamique familiale constitue le premier axe. Il concerne les caractéristiques personnelles de l'enfant, son profil psychologique et social, ses antécédents biographiques ainsi que l'approche des conséquences éventuelles de l'abus sexuel. Cet axe réfère également aux interactions familiales (fratrie, parents, autres membres de la parentèle) et au contexte socio-culturel dans lequel évolue l'enfant et sa famille afin de permettre une compréhension plus globale du phénomène. Le deuxième axe fait référence à l'abus sexuel : caractéristiques de l'abus sexuel, de l'auteur et, dans les nombreux cas d'abus sexuels intra-familiaux, des autres membres de la famille (co-auteur ou parent non-abuseur). Les thématiques de la révélation et de la prise en charge de la situation d'abus sexuels composent le dernier axe du dépouillement.

La logique de dépouillement qui surplombe les multiples logiques de constitution des dossiers par les intervenants, tout à la fois, unifie, clarifie et réduit. Des choix sont opérés, des informations sont jugées signifiantes, des éléments sont rassemblés en vue de reconstituer le processus de dévoilement ou celui de prise en charge. En outre, un regard critique se développe eu égard à la fixité des données et à leur inévitable subjectivité. La structuration proposée par le chercheur à travers ce travail de dépouillement est déjà un premier traitement des données.

Le schéma suivant synthétise ce premier stade de l'étude : *de la problématique au recueil des données.*

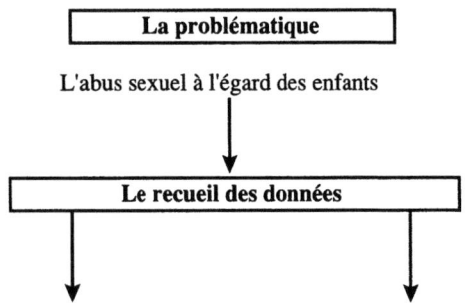

3.2. Du recueil des données à l'analyse

Grâce aux données issues des dossiers d'intervention, d'une part, et à celles recueillies lors de l'enquête auprès des intervenants, d'autre part, plusieurs analyses ont pu être réalisées.

On distinguera :
- l'analyse statistique quantitative et l'analyse qualitative, pour l'enquête auprès des intervenants ;

– l'étude psychologique, clinique et l'étude sociologique, qualitative, pour l'étude des dossiers d'intervention.

Les méthodes et les techniques mises en œuvre ainsi que les étapes des procédures de recherche engagées sont explicitées dans les rapports scientifiques de base.

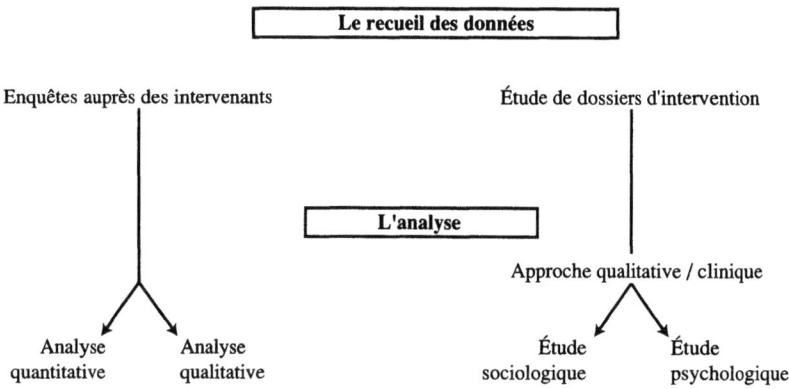

Face à la diversité des données, des analyses et des productions scientifiques partielles, nous tenons à préciser les objectifs spécifiques, les limites et apports des orientations adoptées ainsi que leurs possibles articulations.

*L'étude des dossiers d'intervention :
étude sociologique et étude psychologique*

L'analyse psychologique et l'analyse sociologique sont élaborées sur une base commune constituée par les données issues des dossiers d'intervention. Des questions spécifiques orientent les lectures. Selon la **lecture psychologique**, la symptomatologie de l'enfant abusé et les conséquences de l'abus sexuel sont mises en évidence; différents profils psychologiques sont dégagés : profils de l'enfant abusé, du parent non abuseur, du parent abuseur et une présentation de différents cas a permis une lecture approfondie de la dynamique de l'abus intra-familial et la mise au point de différents modes de prise en charge. Selon la **lecture sociologique**, la question du contexte familial dans lequel prend naissance l'allégation d'abus sexuel est développée autour de deux problématiques familiales distinctes à savoir l'allégation dans le cadre de la famille restreinte et l'allégation face à une rupture conjugale; différents types de signalement résultent de l'analyse et sont restitués dans le processus du dévoilement de l'abus sexuel; la place et le rôle de l'enfant, personne sociale à part entière, font l'objet d'une attention particulière.

Si l'énonciation d'objectifs spécifiques fonde la particularité de chacune des deux démarches, un premier point d'ancrage peut néanmoins être mis en évidence, celui qui consiste à postuler la dialectique entre l'individu, la famille et la société et à penser le phénomène de l'abus sexuel dans la dynamique de l'interaction sociale. En effet, l'abus sexuel ne peut ni être réduit à un problème de psychologie individuelle, ni relever d'une pure production sociale.

Le développement d'une *étude clinique et qualitative* des dossiers d'intervention signifie que notre intérêt se porte davantage sur une analyse de contenu des données que sur leur quantification. Comme Huberman et Miles (1991) l'expriment clairement «*les données concernées sont faites de mots et non de chiffres*»; en outre, «*les données ne sont jamais coupées de leur contexte*» (1991, p. 34-35). Cet aspect est central dans l'analyse. Chaque donnée n'a de sens que comprise en relation avec les autres. L'analyse qualitative des dossiers consiste donc en une étude approfondie des données présentées dans chacun des dossiers, complétée par une approche transversale de l'ensemble des dossiers. Si le développement d'une analyse qualitative vise à rendre compte de processus à la fois complexes et dynamiques, elle se heurte cependant à la fixité des données, aspect qui rappelle les limites de ce type d'étude.

Au demeurant, l'allégation d'abus sexuel ne peut être confondue avec le fait lui-même. Il nous est dès lors apparu déterminant, tant dans l'analyse psychologique que dans l'analyse sociologique, de poser la question de la «confirmation» de l'abus sexuel. Trois cadres ont ainsi été distingués : *Cadre Abus Sexuel Confirmé, Cadre Abus Sexuel Incertain, Cadre Abus Sexuel Non confirmé*[1]. Les données objectives disponibles déterminent la position des dossiers sur l'axe de la confirmation, mais cette dernière dépend aussi de la subjectivité propre à l'intervenant ou au chercheur. La dimension subjective occupe une place centrale tant dans le travail d'intervention que dans le travail de recherche : personnalité, histoire, expérience professionnelle influencent les représentations sociales et étayent les dispositions de chacun face à la problématique. Trop souvent perçue en termes de biais face aux principes de rationalité, d'objectivité, de scientificité, la subjectivité humaine, parfois niée ou refoulée, s'inscrit pourtant au cœur de toute action.

Compte tenu du caractère secret du phénomène étudié et du poids du doute, d'une part, de la particularité de la population concernée (cas cliniques, spécificité de l'intervention) d'autre part, nous refusons toute généralisation, toute conceptualisation globale, toute explication causaliste de l'abus sexuel résultant d'une confrontation de variables et, *a fortiori*, considérons avec beaucoup de circonspection toutes les définitions en termes de «facteurs prédictibles» de l'abus sexuel.

L'étude des dossiers d'intervention présente donc, outre la photographie sociale la plus fidèle possible d'une population spécifique, prise sous l'angle de vue de l'intervenant, des pistes d'analyse et d'interprétation en vue de favoriser la compréhension du phénomène.

L'étude du discours des intervenants : approche quantitative et approche qualitative

Les deux approches, l'une qualitative et l'autre quantitative, reposent leur analyse sur un même matériel de base à savoir les réponses des intervenants aux questionnaires de l'enquête postale et de l'enquête par entretiens directifs. Les données font l'objet d'un traitement distinct puisque les chercheurs recourent soit à l'analyse thématique soit à l'analyse statistique selon les exigences de cohérence.

L'analyse quantitative vise la mise en évidence des représentations des intervenants, eu égard à leurs logiques d'action, à travers les thématiques spécifiques du signalement, de la collaboration et de l'appartenance à un réseau de coordination; le rapport de l'intervenant au système familial est développé, notamment en regard de leurs sentiments et perceptions; les interactions entre le judiciaire et le psycho-médico-social sont dégagées. Ces objectifs sont atteints grâce à un recueil systématique d'informations par questions fermées ainsi que par le codage des données retranscrites lors de l'entretien. Les procédures mises en œuvre[2] s'articulent autour de deux types de traitement de l'information :

- des analyses univariées qui permettent de saisir le phénomène étudié dans une visée essentiellement descriptive (analyse des fréquences, tableaux de contingence, ...)
- des analyses multivariées qui insistent sur un aspect intégré des données disponibles en les associant dans un même traitement afin de rendre compte de la complexité des interactions (analyse des correspondances).

L'analyse qualitative, quant à elle, propose une classification des difficultés rencontrées par les différents intervenants, élaborée en articulation constante avec leurs besoins; les thèmes qui sous-tendent l'analyse sont le dépistage et le diagnostic, la prise en charge et les logiques d'action, la collaboration entre les différentes instances spécialisées ou non spécialisées; par ailleurs, l'étude des émotions de l'intervenant face à l'abus sexuel est abordée en relation avec leur pratique ou expérience concrète. Cette analyse est rendue possible par le type de données recueillies lors de l'entretien. L'interaction entre le chercheur et l'intervenant rencontré favorise les possibilités d'expression des individus et le recueil d'un maximum d'informations. En approche qualitative, les propos des intervenants sont analysés en tant que tels dans des catégories thématiques construites *a posteriori* par le chercheur et ils ne subissent donc pas la réduction liée à la codification.

3.3. De l'analyse à l'interprétation

Ce troisième stade, *de l'analyse à l'interprétation*, concerne le passage entre la présentation des résultats des différentes investigations et ce que l'on peut en dire ou en déduire sur un plan plus conceptuel et théorique ou sur un plan de l'action concrète de terrain. Se pose dès lors la question de la complémentarité méthodologique.

L'étude des dossiers d'intervention et l'enquête auprès des intervenants sont deux démarches de recherche distinctes ayant une autonomie propre. Les investigations menées conjointement offrent des angles de vue bien spécifiques. L'articulation entre ces deux démarches, d'une part, et entre les différentes orientations méthodologiques adoptées, d'autre part, ne peut donc être vue dans la perspective de l'illustration (le qualitatif illustre les résultats chiffrés), de la préparation (l'étude de dossiers prépare le questionnaire de l'enquête) ou encore de la recherche de validation d'une méthode par l'autre. La complémentarité souhaitée repose sur la volonté explicite d'introduire *plusieurs niveaux de triangulation*.

La triangulation peut être définie comme étant «*une stratégie de recherche au cours de laquelle le chercheur superpose et combine plusieurs méthodologies de recherche ou une variété de modes de collecte de données afin de compenser les biais inhérents à chacune prise individuellement. La stratégie permet également de vérifier la justesse ainsi que la stabilité des interprétations.*» (Savoie-Zajc, 1992, p. 2).

Quatre types de triangulation ont été identifiés par ces auteurs : celle qui concerne les méthodes, celle relative aux données, la triangulation théorique et la triangulation du chercheur. Comme le précise L. Savoie-Zajc, «*la stratégie de triangulation est associée à l'idée de l'accroissement de la crédibilité d'une recherche. Elle constitue l'un des moyens retenus pour y contribuer*»; cette stratégie constitue «*la pierre angulaire d'une recherche crédible*» (1992, p. 2).

La méthodologie préconisée dans la présente recherche repose sur cette stratégie de triangulation :
- triangulation par la complémentarité des méthodes et des techniques de recueil de données et d'analyse (étude de dossiers et questionnaire d'enquête ; approches qualitatives et quantitatives ; réflexions personnelles et herméneutique collective ; observations) ;
- triangulation par combinaison de niveaux d'analyse (niveaux individuel, collectif et institutionnel) ;
- triangulation des données par l'envergure des points de vue recueillis (entretiens avec les intervenants, dossiers d'intervention, choix de personnes ressources, sources bibliographiques et documentaires diverses) ;
- triangulation par la diversité des expériences professionnelles des chercheurs (recherche, clinique) et par leur pluri-disciplinarité (références théoriques, appartenance à différentes écoles de pensée) ainsi que par la présence des enquêteurs-chercheurs sur le terrain (expérience, sensibilité et style d'observation personnels).

Ce troisième stade ouvre donc sur un travail de synthèse. Cet ouvrage qui repose sur les analyses produites au cours des différentes investigations a la prétention d'offrir cette synthèse. Outre l'exposé de résultats de recherche, il présente des interprétations, de nouvelles hypothèses de travail et perspectives en termes conceptuels mais également pour l'action sociale.

NOTE

[1] Le recours à l'italique signifie que les termes réfèrent bien à des catégories d'analyse créées pour les besoins de la recherche et non pas à une terminologie à usage médical.
[2] Les analyses quantitatives ont été réalisées par Nathalie Burnay.

Chapitre 1
Dévoilement et signalement d'un abus sexuel

Pascale MARTIN
Evelyne VAN POPPEL

Dévoilement et signalement sont deux phénomènes distincts bien qu'étroitement liés. Le dévoilement est envisagé en termes de *processus* et le signalement comme étant l'*acte* qui formalise la plainte de l'existence réelle ou présumée d'un abus sexuel à l'égard de l'enfant. Grâce à une approche plurielle, dynamique et complexe, l'*acte de signalement* sera situé dans le *processus de dévoilement* et une nuance importante sera établie entre le *dévoilement par l'enfant* et le *signalement à l'intervenant*. L'objet de ce chapitre consistera donc à définir ces phénomènes, à préciser les liens qui les unissent et à montrer leurs spécificités et leurs articulations.

C'est à cet endroit précis du passage de la sphère privée à la sphère publique que se situe le point d'ancrage de l'action, qu'elle soit médico-psycho-sociale, judiciaire ou purement administrative, et que se met en place et s'élabore la recherche.

L'analyse de ce phénomène tout à la fois psychologique et sociologique est assortie d'une réflexion éthique. Lorsque, comme c'est actuellement le cas en matière de signalement, l'intervenant n'est soumis à aucune contrainte dans le choix d'une solution, il porte dès lors l'entière responsabilité de ses options (Von Foerster, 1991). Il peut tenter d'éluder cette responsabilité, notamment, en se référant d'emblée à des règles et à des impératifs. Il peut aussi y faire face; la prise en compte de la dimension éthique apparaît alors incontournable.

1. LE PROCESSUS DE DÉVOILEMENT : FREINS ET DYNAMIQUE INTERACTIVE

Le dévoilement est la révélation, verbale ou comportementale, par l'enfant, d'un abus sexuel dont il est, a été, ou croit avoir été victime, ou dont le tiers qui observe, et donc interprète l'expression de l'enfant, croit ou suspecte celui-ci d'en avoir été victime.

Cette définition est intéressante à plus d'un titre. Elle accorde une place centrale à l'enfant ; l'enfant est acteur du dévoilement, il révèle son secret, de manière directe, en disant l'abus sexuel, ou de manière indirecte, en manifestant des signes qui peuvent interpeller l'observateur attentif (parent, intervenant...). Elle inscrit donc d'emblée le phénomène de dévoilement dans une dynamique interactive et engage l'étude du contexte d'émergence de l'allégation d'un abus sexuel. Elle invite, en outre, à ne pas confondre allégation et fait, distinction que nous retrouvons au sein de nos catégories d'analyse des dossiers d'intervention[1]. Dans cette analyse, trois types de situations sont discriminés ; les situations où l'abus sexuel est réel (*Cadre abus sexuel confirmé*), les situations où le doute persiste (*Cadre abus sexuel incertain*) et les situations de fausses allégations (*Cadre abus sexuel non confirmé*).

1.1. Des freins au processus de dévoilement

Le dévoilement ne s'inscrit pas de manière linéaire et systématique dans la continuité des faits. L'étude des dossiers d'intervention de situations d'abus sexuel *confirmé* montre que l'enfant abusé peut **rester longtemps sans dévoiler ou sans que ne soit dévoilé** l'abus sexuel dont il est victime.

L'ignorance des interdits, souvent exploitée par l'abuseur vis-à-vis d'enfants en bas âge surtout, peut retarder le dévoilement des faits dont la signification n'est pas vraiment perçue par le jeune enfant. Bien qu'il puisse faire passer, involontairement, des messages implicites ou explicites relatifs à l'abus sexuel par le biais d'un trouble de la conduite, par exemple, il est difficile pour l'intervenant de comprendre, et surtout de bien comprendre, les signes comportementaux que l'enfant manifeste et ce d'autant plus qu'il n'existe pas de symptomatologie spécifique à l'abus sexuel[2].

La **proximité relationnelle** entre l'enfant et l'abuseur est aussi une donnée dont il faut tenir compte dans la dynamique du dévoilement. Dans les relations abusives incestueuses, père/fille ou beau-père/belle-fille surtout, l'enfant se trouve davantage engagé dans la relation avec des affects ambivalents qui l'empêchent parfois d'appréhender le caractère abusif de l'activité sexuelle et surtout de révéler les faits. Dans ces situations d'abus sexuel intra-familial, l'abus sexuel peut dès lors durer plusieurs années; le silence et ses règles s'installent comme mode de fonctionnement au sein de la famille.

Le silence est le complice de la relation abusive : plus elle dure, plus le silence se renforce, plus l'enfant se tait ou subit sans rien dire, plus l'abuseur est convaincu qu'il a choisi la bonne stratégie ou que l'enfant accepte la situation. Il peut y avoir nombre de raisons au silence de l'enfant : l'ignorance, l'innocence, l'immaturité, la naïveté, la crédulité, ...; la peur de ne pas être cru et de passer pour un menteur, la peur des représailles pour lui-même ou pour les autres, la peur de faire du tort ou du mal; la pression des sentiments de honte ou de culpabilité; l'ambivalence de ses sentiments à l'égard de l'abuseur.

Lorsque l'enfant est moins engagé affectivement dans la relation à l'abuseur, il semble, par contre, pouvoir adopter plus spontanément une attitude de rejet, de révolte et exprimer des sentiments de colère, de vengeance, de l'agressivité, un désir de fuir la situation et de ne plus rencontrer l'auteur de l'abus sexuel. L'enfant se laisserait alors moins surprendre par l'abuseur et parviendrait mieux à se «dépêtrer» de la relation abusive, par exemple, en révélant lui-même les faits.

Le **manque d'écoute et d'attention** constitue un autre frein au dévoilement et annihile toute tentative de révélation de la part de l'enfant. L'aboutissement de la parole de l'enfant est largement lié à la capacité de ses proches, et plus particulièrement de sa mère, à l'entendre. Il arrive pourtant que celle-ci reste relativement impassible, indifférente, psychologiquement absente ou sourde aux appels et aux signes de son enfant, incapable d'entendre sa parole ou de comprendre ses messages non-verbaux.

L'attitude maternelle peut donc entraver le processus de révélation chez l'enfant qui se sent arrêté et non reconnu dans son discours. L'enfant sait que sa mère sait et qu'elle ne l'aide pas, n'intervient pas. Lorsque le processus de victimisation est non seulement entretenu pendant les faits d'abus sexuel mais se manifeste également au moment du dévoilement, le préjudice causé à l'enfant risque d'être considérablement accru.

Selon les informations contenues dans les dossiers d'intervention analysés, les mères qui ont vécu des problèmes de violence sexuelle dans leur enfance ou leur adolescence semblent réagir passivement ou manifester de l'ambivalence face à la situation abusive. Dans les contextes de familles conjugales naturelles ou recomposées, des mères présentant une attitude passive (parfois même active lorsqu'elles incitent leur partenaire), ont pu contribuer, dans certains cas, au développement et à la pérennité de la relation abusive entre leur conjoint et leur enfant. Lorsque nous observons le rôle de la mère dans l'installation de l'abus sexuel au sein de la famille, ainsi que la difficulté de celle-ci à participer au processus de dévoilement, il apparaît clairement que ses ressources et potentialités ne lui permettent pas d'intervenir efficacement. Dans certains dossiers d'intervention, la mère apparaît grandement partagée entre le désir de protéger son enfant et le souhait de préserver malgré tout son partenaire. En outre, la domination souvent violente et agressive du conjoint, le risque de voir sa vie familiale s'effondrer et se déstructurer, la crainte de la police ou de toute procédure d'intervention limitent grandement la femme dans un éventuel projet d'action.

Le soutien que reçoit ou devrait recevoir l'enfant de la part de son entourage proche est crucial dans le processus de dévoilement de l'abus sexuel.

1.2. La capacité de parole et l'interlocuteur de l'enfant

Un événement, ou la convergence, à un moment donné, d'événements peut conduire à la levée du secret par l'enfant et déclencher ainsi le processus de dévoilement de l'abus sexuel dont il est victime. Les éléments **déclencheurs** qui ont pu être relevés dans les dossiers d'intervention sont, par exemple, le fait que l'abus ait été plus insupportable que d'habitude, plus violent, plus douloureux; la crainte de la victime que sa jeune sœur ne soit elle aussi abusée; la crainte d'une récidive de la part de l'abuseur; l'entrée de l'enfant en puberté, la peur d'une grossesse ou encore la rencontre d'un «petit ami»; le fait que la mère ait surpris une scène à caractère sexuel entre le père et sa fille; une séparation parentale; etc. L'enfant peut être incité, à un moment donné, à rechercher un interlocuteur qui l'aidera à trouver une solution afin d'arrêter l'agression sexuelle qu'il subit.

Selon l'étude de Crivillé et son équipe, plus de la moitié des enfants parlent à quelqu'un d'extérieur au cercle familial, et seul un enfant sur trois se confie à sa mère (Crivillé, 1994). Dans l'étude des dossiers d'intervention de l'Équipe SOS-Enfants, la mère se ne distingue pas, non plus, comme interlocutrice privilégiée de l'enfant lorsque l'abus sexuel s'inscrit dans un contexte de famille conjugale naturelle ou recomposée.

Certaines mères cependant, moins affectées par leur histoire, moins dominées par leur conjoint, moins perturbées sur un plan psychologique, semblent aussi plus attentives et plus à l'écoute ; elle interceptent les paroles de l'enfant et prennent des mesures pour le protéger.

Les interlocuteurs que choisit l'enfant pour dire l'abus sexuel sont prioritairement, dans les dossiers étudiés, un membre de la famille, une amie ou camarade de classe, un intervenant du réseau scolaire ou éducatif. Nombreux sont les enfants qui s'adressent à un intervenant et plus spécifiquement à un intervenant du réseau scolaire ou éducatif. Le contact quotidien de ces intervenants avec l'enfant semble grandement faciliter la confidence qui ne peut effectivement s'inscrire que dans une relation positive d'écoute attentive.

Cette dernière donnée indique l'importance du rôle et de la place de l'intervenant de première ligne dans le processus de dévoilement et renforce l'intérêt porté, dans le cadre de l'enquête auprès des intervenants, à leurs besoins et à leurs difficultés.

Dans les dossiers où l'abus sexuel interfère avec une problématique de divorce ou de séparation parentale, l'enfant s'adresse tantôt au parent non abuseur (le plus souvent la mère), tantôt à une personne de son entourage (institutrice, assistante sociale). Dans ces contextes spécifiques, la parole de l'enfant peut se voir réappropriée par la mère lorsque l'abus sexuel a lieu au domicile paternel dans le cadre d'un droit de garde ou de visite, ou encore par le père lorsque l'abus sexuel est perpétré par le nouveau conjoint de la mère et a lieu au domicile maternel dans le cadre d'une recomposition familiale ou simplement conjugale[3].

L'étude des dossiers d'intervention montre que, dans les situations d'abus sexuel *confirmé*, lorsque l'abuseur est éloigné en degré de parenté, la mère est plus attentive à la parole de l'enfant et recueille ses propos de manière adéquate. Ainsi, dans les situations où l'abuseur n'est ni le père, ni le beau-père, ni un concubin, l'attitude maternelle semble plus confiante mais également plus protectrice et sécurisante à l'égard de l'enfant.

Si l'analyse des dossiers d'intervention ne nous permet pas de cerner la dimension affective et les implications émotionnelles du dévoilement d'un abus sexuel, nous insisterons avec L. Daligand sur le fait que *«le secret enferme toute situation incestueuse»* et que *«la révélation du secret, souvent impossible, est toujours difficile»*. (Daligand, 1995, p. 28-29). Recevoir la confidence de l'enfant et favoriser le cheminement de sa parole constituent l'une des étapes du processus de dévoilement.

1.3. Le doute dans le processus de dévoilement

Le doute occupe une place importante dans le processus de dévoilement. L'étude des dossiers d'intervention montre que nombre de situations restent entachées de doute : il y a suspicion d'abus sexuel. Cette suspicion trouve principalement son origine dans l'observation de manifestations comportementales de l'enfant qui conduisent à suspecter un abus sexuel. Il se peut également que des paroles ou propos de l'enfant introduisent cette suspicion.

Lorsque l'abus sexuel est suspecté (*Cadre abus sexuel incertain*) dans le contexte de la famille conjugale, l'attitude de la mère a été remarquée. Nous constatons une absence quasi totale de protection maternelle : la mère prend la défense de son partenaire, banalise les faits ou les refuse, charge l'enfant de la responsabilité dans l'activité abusive suspectée ou encore l'accuse de fabuler ou de mentir. Néanmoins, lorsque la mère a une bonne relation avec son enfant, même si elle manifeste des sentiments d'ambivalence, ne parvenant pas vraiment à croire en l'existence d'un abus sexuel, elle se montre inquiète et préfère se distancer de son partenaire si on peut la convaincre de la réalité des faits.

Lorsque la suspicion de l'abus sexuel s'inscrit dans le cadre de l'exercice d'un droit de garde ou de visite au père, une autre attitude maternelle semble se dégager de la description faite dans les dossiers d'intervention. Les intervenants décrivent une mère soupçonneuse qui se montre accablée ou qui dramatise la situation sur base de détails jugés pourtant peu évocateurs. Les signes éventuels manifestés par l'enfant ou ses paroles semblent convaincre la mère de l'existence d'un abus sexuel. On note le jeune âge des enfants concernés. Plus influençables, ceux-ci peuvent alors adhérer au discours suspicieux de leur mère par esprit de loyauté ou de coalition obligée. L'attitude maternelle quant à elle risque d'accentuer la symptomatologie de l'enfant, laquelle viendrait à son tour renforcer l'angoisse et la suspicion. Dans ces circonstances plus spécifiques de séparation parentale, la suspicion d'un abus sexuel s'accompagne de revendications de la part de la mère qui exige le droit de garde ou tente d'éloigner le père de l'enfant. La suspicion d'abus sexuel altère les relations entre ex-époux ou renforce des conflits existants et compromet largement le lien père-enfant.

Le doute constitue une importante source de difficultés et de questionnements pour toute personne qui s'y trouve confrontée. La problématique du doute réitère la complexité du phénomène, elle pose la question des enjeux sous-jacents à toute dynamique familiale, celle de la crédibilité des paroles de l'enfant, celle de l'interprétation subjective de tout observateur. Cette thématique du doute face à l'abus sexuel est récurrente dans le discours des intervenants et nous aurons l'occasion d'en aborder d'autres facettes au cours de cet ouvrage.

1.4. La fausse allégation d'abus sexuel

L'étude des dossiers d'intervention présente des situations de fausses allégations d'abus sexuels dont la majorité surviennent dans le cadre d'un divorce ou d'une séparation parentale. Les fausses allégations, précisons-le avec Van Gijseghem (1991), ne sont pas nécessairement des allégations mensongères, mais se situent dans un contexte d'inquiétude prédisposant largement au développement de certitudes. L'allégation est alors utilisée comme moyen mis au service de différents desseins.

Dans ces situations d'abus sexuel *non confirmé*, inscrites dans le cadre d'une problématique de rupture conjugale, l'implication et la participation active des mères dans le processus de dévoilement sont manifestes. Les inquiétudes maternelles sont rapidement transformées en soupçons, lesquels sont montés en épingle et présentés sous la forme d'une dénonciation d'abus sexuel. La plainte consiste en des accusations floues, vagues, peu fondées d'attouchements et d'attentats à la pudeur sur la personne de l'enfant, de sexe masculin ou féminin, souvent jeune.

Le dévoilement repose sur la suspicion de ces mères qui interprètent, amplifient ou déforment un événement, un message ou un signe perçu chez leur enfant. Une rougeur dans la région génitale, le fait que l'enfant dorme dans le lit de son père, un propos à connotation sexuelle, une conduite masturbatoire, une manifestation excessive d'affection du père à l'égard de son enfant, une trop grande complicité entre le père et sa fille, des doutes quant à la sexualité de l'ex-conjoint, ... sont autant d'éléments qui animent inquiétudes et angoisses chez des femmes décrites comme anxieuses et vulnérables.

Leurs soupçons semblent être éveillés par le fait qu'elles sont elles-mêmes sensibilisées ou marquées par une histoire de vie sexuelle et affective à problème, ou encore, par un problème d'inceste ou de violence sexuelle qui les prédisposerait à interpréter ou à dramatiser certains signaux. C'est le cas de cette mère violée dans sa jeunesse qui, à partir d'éléments anodins faisant resurgir son passé traumatique, déforme la réalité; c'est l'histoire de cette autre mère dépressive qui aurait subi un inceste dans son enfance et qui projette ses fantasmes sexuels déformés et anxiogènes sur sa fille.

Par induction, exagération, interprétation malencontreuse ou dramatisation, la plainte qui se développe s'inscrit le plus souvent dans une dynamique conjugale conflictuelle ou reflétant des difficultés relationnelles. Les intervenants notent que ces mères visent essentiellement une distanciation de l'enfant d'avec le père. Elles revendiquent une limitation du droit de visite, voire une rupture des liens père-enfant. Les intervenants constatent qu'aucune demande d'aide véritable n'est formulée pour l'enfant dont l'intérêt semble relégué au second plan.

Les accusations d'abus sexuel peuvent donc constituer une arme utilisée par l'un des parents, le plus souvent la mère, envers l'autre conjoint. Les enjeux inhérents à ces contextes de divorce (ou de séparation parentale) sont les droits de garde et de visite. Les allégations d'abus sexuel *non confirmé* engendrent des conflits de loyauté pour l'enfant qui se sent «pris entre deux feux». Dans la perspective de la fausse allégation, l'enfant reste néanmoins au cœur du problème en devenant l'enjeu des conflits conjugaux.

Réalité des faits, doute et fausses allégations composent les différentes facettes du phénomène de l'abus sexuel. Chacune de ces facettes recouvre des dimensions spécifiques, mais toutes impliquent l'enfant de manière inconditionnelle. Le caractère processuel du dévoilement apparaît, à la lumière de l'étude des dossiers d'intervention, lié aux lourdes difficultés rencontrées par l'enfant dans ce cheminement vers la levée du secret certes, mais également dans cette, toujours possible, *«utilisation de l'enfant comme haut-parleur par un adulte»*, selon la formule de L. Daligand (1995, p. 30).

Le dévoilement d'un abus sexuel réel ou suspecté conduit dès lors aux questions du «que faire?» et du «comment faire?». L'analyse des dossiers d'intervention a mis en évidence le rôle essentiel détenu par la personne qui recueille les confidences de l'enfant : «*Ce mouvement émotionnel de celui ou celle qui reçoit la confidence est le moteur, l'énergie nécessaire pour la révélation trop lourde à prendre directement à son compte*» (Daligand, 1995, p. 29). Cette personne peut devenir le porte-parole de l'enfant, faire cheminer sa plainte et permettre ainsi d'engager le signalement. Le moment de l'intervention marquera alors la reconnaissance de l'enfant. Grâce à l'écoute bienveillante et la protection dont il doit bénéficier de la part de professionnels compétents dans leurs disciplines respectives, son statut de personne peut être restauré et sa parole réhabilitée.

La complexité de ce phénomène ne permet pas cependant une lecture linéaire, systématique et univoque. Si le dévoilement semble précéder un signalement d'abus sexuel réel ou présumé, retenons cependant que le dévoilement par l'enfant ne se termine pas au moment de l'acte de signalement à l'intervenant. Les parcours de dévoilement sont souvent jalonnés d'appels réitérés en vain, de discours contradictoires, d'aveux puis de rétractations, de nouvelles allégations, de replis dans le silence et prennent place dans la relation de confiance qui se doit de caractériser l'accompagnement social ou le suivi thérapeutique proposés.

Le processus de dévoilement doit donc être étudié en relation avec le signalement, acte conduisant à l'intervention des professionnels qui œuvrent dans le secteur médico-psycho-social, d'une part, et dans le secteur judiciaire, d'autre part.

2. L'ACTE DE SIGNALEMENT : DILEMME ENTRE AIDE ET PUNITION

Le signalement est l'*acte qui vise l'information de l'intervenant* de l'existence, réelle ou présumée, d'un abus sexuel. Il peut s'agir d'une visite, d'une communication téléphonique ou d'un courrier adressé aux intervenants. A la suite du signalement, l'abus sexuel, phénomène jusque-là privé, bascule dans le champ de l'intervention. En autorisant l'intervenant à s'immiscer dans la vie intime, le signalement a des répercussions directes sur l'enfant et sa famille. Il produit une rupture inévitable dans l'homéostasie familiale et correspond à un moment de crise au départ duquel se réorganisent les relations familiales désormais modulées par l'action des intervenants. En effet, dès le signalement, il devient difficile de se soustraire à l'intervention de ceux dont la mission est de conférer aux enfants en danger aide et protection, d'une part, et de sanctionner l'abus sexuel qui constitue une infraction à la loi, d'autre part. Le signalement, point d'ancrage de l'action, peut donc se concrétiser selon deux orientations : l'orientation médico-psycho-sociale et l'orientation judiciaire.

2.1. Le signalement : point d'ancrage de l'action médico-psycho-sociale

Nous avons insisté sur le caractère dynamique et complexe du processus de dévoilement qui peut conduire au signalement d'une situation d'abus sexuel réel ou présumé. L'analyse qualitative des dossiers d'intervention et l'analyse quantitative de l'enquête auprès des intervenants désignent trois personnes centrales dans cette dynamique de révélation d'un abus sexuel réel ou présumé : la mère, l'enfant abusé et l'intervenant.

De manière globale, rappelons que, selon les résultats de l'enquête auprès des intervenants, l'enfant s'adresse principalement à des professionnels du réseau scolaire ou éducatif (y compris les instituteurs ou directeurs d'école, PMS-IMS, Centres d'accueil et d'animation tels que les maisons de jeunes ou maisons de quartier). Des adolescent(e)s se sont adressé(e)s directement à des institutions spécialisées telles que le Service d'Aide à la Jeunesse, les Équipes SOS-Enfants et les instances judiciaires. La mère de l'enfant joue également un rôle non négligeable dans le signalement d'un abus sexuel : plus de la moitié des intervenants confrontés au problème mentionnent qu'ils ont déjà reçu un signalement de la part de la mère, toutes situations confondues.

Nombreuses sont donc les personnes susceptibles d'intervenir dans le signalement d'un abus sexuel. Qu'elle soit membre de la famille restreinte ou élargie, intervenant du secteur médical, social ou judiciaire, toute personne peut jouer un rôle dans le processus du dévoilement d'un abus sexuel et se trouver confrontée de manière directe ou indirecte à la question du signalement.

L'analyse qualitative des dossiers d'intervention de l'Équipe SOS-Enfants a permis la mise en évidence des principaux auteurs du signalement. Le tableau suivant[4] présente, en tenant compte des catégories *confirmé, incertain, non confirmé* de l'abus sexuel, les tendances observées dans le cadre de cette analyse. Il met en perspective différents contextes familiaux (familles conjugales naturelles ou recomposées, familles monoparentales patri- ou matricentriques) dans lesquels pères ou beaux-pères sont impliqués dans la relation abusive envers l'enfant.

2.1.1. *Les principaux auteurs du signalement*

On retrouve donc, présentées dans le tableau ci-contre, les **deux grandes tendances qui cernent le processus du dévoilement à savoir, celle qui met en évidence la parole de l'enfant et celle qui met en évidence l'observation d'une tierce personne.** Au sein de ces deux tendances qui présentent le dévoilement par l'enfant, différents cas de figure se dessinent en matière de signalement.

	Parole de l'enfant à l'origine du dévoilement	Signalement à l'Equipe SOS-Enfants	Processus de dévoilement / fondement de l'allégation
Cadre Abus Sexuel Confirmé (47 dossiers) • famille conjugale naturelle • famille recomposée • famille monoparentale patricentrique ou matricentrique	très souvent presque toujours souvent	Intervention d'une tierce personne : • parent, intervenant • intervenant • membre de la famille, surtout la mère	Cheminement de la parole de l'enfant qui dit l'existence d'un abus sexuel
Cadre Abus Sexuel Incertain (37 dossiers) • famille conjugale naturelle • famille recomposée • famille monoparentale patricentrique ou matricentrique	Apparaît dans la moitié des cas; lorsque la parole de l'enfant existe, elle est rapportée par une tierce personne	Intervention majoritaire de : • l'intervenant • l'intervenant et le grand-parent ou la mère • surtout la mère	• Observation de traces de maltraitance ou de négligence • Comportements, plaintes ou attitudes suspectes de l'enfant
Cadre Abus Sexuel Non Confirmé (5 dossiers) • Allégation dans le cadre du droit de visite au père	absente	Intervention de la mère exclusivement	Suspicion liée aux observations maternelles

Première tendance : paroles de l'enfant et signalement

Lorsque l'abus sexuel s'installe dans le contexte de la famille naturelle ou recomposée, la parole de l'enfant victime d'abus sexuel de la part de son père ou de son beau-père est très souvent à l'origine du dévoilement. Dans ces cas, le signalement à un intervenant de l'Équipe SOS-Enfants est généralement le fait d'un professionnel du secteur scolaire ou médico-social. Le signalement peut aussi être le résultat d'une intervention de l'enfant lui-même, seul ou secondé par un(e) ami(e) ou camarade de classe, ou encore, quoique moins fréquemment, l'acte d'un membre de la famille (mère, père, sœur, grand-mère). Lorsque la mère participe au signalement, elle est souvent accompagnée par une tierce personne (voisine, mère d'une copine...); elle intervient rarement seule auprès de l'Équipe SOS-Enfants. Quant au père, son rôle est remarqué dans deux cas de familles recomposées : c'est lui qui signale l'existence d'une relation abusive entre son enfant et le beau-père de celui-ci.

Comme nous l'avons vu dans l'étude du dévoilement, le parcours peut être long entre les premières tentatives de l'enfant et l'aboutissement de sa parole auprès de professionnels compétents. Dans certaines situations, par contre, le dévoilement par l'enfant et le signalement à l'intervenant chevauchent : l'enfant s'adresse directement à un intervenant de l'Équipe SOS-Enfants ou encore parle à un tiers qui signale l'abus sexuel à l'intervenant spécialisé. Ce signalement qui trouve son origine dans la parole de l'enfant peut être nommé «signalement-confidence» : l'enfant se confie à un intervenant spécialisé ou à toute autre personne (intervenant, parent...) dont la capacité de parole va permettre le signalement de l'abus sexuel à l'intervenant de l'équipe spécialisée.

L'analyse des dossiers d'intervention montre que la présence de l'enfant et de sa parole est dominante dans les situations d'abus sexuel *confirmé*. Elle semble détenir un rôle fondamental dans la confirmation de l'abus sexuel.

La parole de l'enfant est également présente dans les situations où prévaut le doute. Le signalement de ces suspicions d'abus sexuel reposerait, pour la moitié des cas étudiés, sur les paroles de l'enfant. L'usage du conditionnel est ici important car la parole de l'enfant est le plus souvent celle qui est rapportée par des mères ou des grands-mères aux intervenants de l'Équipe SOS-Enfants. Par exemple, l'enfant aurait dit à sa grand-mère devoir laver son père. Dans ces situations, il s'agit de la parole de jeunes enfants reformulée par l'adulte; cette parole aide peu l'intervenant dans sa recherche de diagnostic[5]. En outre, l'analyse des données contenues dans ces dossiers montre que ce type de signalement prend sens dans un contexte de rupture conjugale ou de relations transgénérationnelles conflictuelles. Ce « signalement-dépit » trouve son origine dans une rancœur conjugale ou familiale ; l'allégation (vraie ou fausse d'ailleurs) repose sur des enjeux familiaux, tels que par exemple écarter l'enfant du père qui a obtenu le droit de visite.

L'intervenant rencontre également le silence de l'enfant, sa rétractation ou son refus de reconnaître l'existence d'un abus sexuel qui se révèle (très) probable mais qu'il nie. L'intervenant est alors confronté au secret familial et parfois limité dans sa possibilité d'intervention ou de prise en charge. Comme en témoigne, à dessein, ce « pseudo-signalement » : il s'agit du cas particulier d'un père, suspecté d'être l'abuseur, qui se présente à SOS-Enfants avec sa fille adolescente, craignant qu'elle ne soit enceinte.

L'importance que revêt la parole de l'enfant dans l'élucidation des situations abusives par les intervenants s'impose largement. Reconnaître l'importance de la parole de l'enfant et en comprendre le sens dans les diverses situations constituent le point d'ancrage de l'action de tout intervenant, quels que soient son statut professionnel et sa spécialisation (intervenants de première ligne, équipes spécialisées, autorité judiciaire).

Le signalement aux intervenants spécialisés peut également représenter l'aboutissement de démarches particulières. Ainsi, par exemple, dans certains dossiers d'intervention de l'Équipe SOS-Enfants, si la parole de l'enfant constitue une des formes principales de dévoilement qui conduisent au signalement d'un abus sexuel, on ne peut occulter ces situations singulières telles que la fugue d'une jeune fille qui s'adresse à la police en dénonçant l'abus sexuel dont est victime sa sœur ou encore l'aveu spontané d'un père abuseur.

Deuxième tendance : observations par une tierce personne

L'observation d'un comportement dit « anormal » ou inhabituel chez l'enfant, l'interception de plaintes diffuses sont également à l'origine d'un signalement. Ainsi, par exemple, la plainte d'un enfant qui ne veut plus retourner vivre chez son père, la constatation qu'un enfant se masturbe en classe, réalise des dessins équivoques ou adopte des expressions incestueuses sont quelques-unes des raisons de signalement des intervenants du réseau médical, scolaire ou médico-scolaire (PMS, IMS) aux intervenants de l'Équipe SOS-Enfants.

L'observation de traces de coups attire également l'attention des intervenants. Parfois, la problématique de l'abus sexuel se confond avec une situation de maltraitance plus générale et se pose de manière conjuguée avec cette dernière. Plusieurs dossiers d'intervention, ouverts pour maltraitance, présentent aussi un problème d'abus sexuel. L'analyse descriptive de ces dossiers montre, dans plusieurs cas, le rôle que détient l'intervenant spécialisé dans la découverte ou dans la suspicion, au cours du suivi de prise en charge, d'un abus sexuel. La compréhension et l'élucidation des faits constituent une importante source de difficultés pour ce dernier.

Trois types de signalement ont été distingués : le «signalement-inquiétude», qui émane d'une personne (intervenant, parent) inquiète au sujet du comportement de l'enfant; le «signalement-refuge», qui émane d'une personne interpellée par l'attitude de fuite de l'enfant qui cherche refuge chez une voisine, à l'hôpital, dans un centre d'accueil et refuse de retourner dans sa famille; le «signalement-fortuit», qui émane d'un intervenant dont la rencontre avec l'enfant résulte d'une intervention courante (visite médicale, suivi thérapeutique ou accompagnement social). Dans ces différents contextes de signalement, la démarche d'intervention auprès de l'Équipe SOS-Enfants s'inscrit dans une perspective protectrice à l'égard de l'enfant.

Dans les situations relatives à cette seconde tendance, l'abus sexuel est suspecté. Il n'y a aucune demande d'intervention de la famille, aucune plainte manifeste, mais des observations suspectes conduisant à l'intervention. Une réflexion d'ordre éthique s'impose dès lors : comment intervenir et selon quelle légitimité ? Nombre d'intervenants sont confrontés à cette question. En outre, quel que soit le cas de figure qui se présente, les intervenants sont souvent désarmés face à la confidence de l'enfant ou à leurs propres observations. Selon l'enquête, les intervenants affirment avoir une connaissance minimale du problème de l'abus sexuel et évoquent longuement les difficultés qu'ils rencontrent au cours de leur pratique[6].

Qu'il s'agisse d'une relation abusive suspectée entre l'enfant et son père (famille conjugale) ou l'enfant et son beau-père (famille recomposée), on constate la prédominance des intervenants dans le signalement. Par contre, lorsqu'une problématique de divorce ou de séparation parentale interfère avec les faits d'abus sexuels, les mères sont bien présentes dans le signalement à SOS-Enfants, qu'il s'agisse de situations de droit de garde du père ou de droit de visite. Elles interviennent soit seules, soit accompagnées d'un intervenant (police, travailleur médico-social de l'ONE) auprès des membres de l'Equipe SOS-Enfants, afin de faire part de leurs observations. Et, dans certains cas, le signalement s'inscrit sur le mode du dépit, comme évoqué antérieurement.

2.1.2. *La mère de l'enfant : un rôle remarqué*

Dans toute cette dynamique de révélation d'un abus sexuel réel ou présumé, le rôle des mères a été, plus particulièrement, souligné : tantôt actives et déterminées, tantôt connaissant une difficulté certaine à participer au processus de dévoilement et au signalement. On observe, en effet, à l'étude des dossiers d'intervention, que les mères ont peine à signaler seules l'abus sexuel dont est victime l'enfant. Mais lorsqu'elles obtiennent aide et soutien de la part de personnes extérieures (voisines, amies, ...), elles participent plus activement au signalement.

L'enquête auprès des intervenants montre d'ailleurs que ces derniers, en particulier ceux ayant une expérience en matière d'abus sexuel, paraissent conscients de l'importance de la collaboration de la mère. Selon certains membres des Équipes SOS-Enfants, l'efficacité de leur intervention pourrait même dépendre de la collaboration maternelle.

Cette constatation de l'importance du rôle de la mère amène à penser qu'une meilleure sensibilisation des mères à la problématique est nécessaire, ainsi que la mise en œuvre circonstanciée de leur accompagnement, afin de mobiliser au mieux les ressources dont elles disposent. La crise provoquée par le signalement apparaît comme un moment-clé pour extraire ces mères du mode de fonctionnement familial qu'elles ont elles-mêmes contribué à installer ou à laisser perdurer, et dont elles éprouvent, dès lors, d'autant plus de difficultés à se départir. Une telle sensibilisation ou action apparaît d'autant plus impérative que les conséquences de l'abus sexuel pour l'enfant semblent dépendre également de l'adéquation de la réaction de sa mère au moment du dévoilement.

Dans les situations de séparation parentale, on constate une prédominance du rôle des mères dans le signalement, qu'elles agissent seules ou qu'elles soient conseillées par une tierce personne. Compte tenu des enjeux potentiels liés aux situations de séparation conjugale ou de divorce, une attention particulière doit être accordée à ces contextes familiaux dans lesquels émerge un signalement d'abus sexuel. Dans ces situations spécifiques, qui tendent à se répandre, deux écueils sont en effet à éviter : considérer le divorce comme un phénomène favorisant l'abus sexuel et en faire par là-même le vecteur de cette forme de maltraitance ou considérer que toute plainte d'abus sexuel dans le contexte du divorce est nourrie de rancœur conjugale et donc propice à de fausses allégations. Dans ces contextes familiaux conflictuels, lorsque le non-fondé d'une allégation d'abus sexuel peut effectivement être mis en évidence par l'intervenant, le rôle de ce dernier sera davantage d'aider l'enfant à se dégager de son statut d'objet et des enjeux ou stratégies parentales, mais également d'aider la mère à se libérer de ses accusations et lui permettre de tenir l'enfant en dehors des conflits et difficultés relationnelles.

Si nous avons plus particulièrement été attentifs au rôle de la mère, nous attirons également l'attention sur celui qui est joué par les grands-mères maternelles intervenant auprès de l'Équipe SOS-Enfants.

La thématique du signalement réitère **la question du doute**, déjà évoquée : un signalement d'abus sexuel ne présuppose pas qu'il y ait abus sexuel.

2.1.3. *L'intervenant face au doute*

Tous les intervenants, spécialisés ou non, sont confrontés aux questions délicates de la crédibilité et du diagnostic, questions qui ne vont pas sans rappeler la complexité du problème de l'abus sexuel et les difficultés qui lui sont relatives.

Ainsi donc, dans un nombre important de dossiers d'intervention de l'Équipe SOS-Enfants, la question de l'abus sexuel n'est pas élucidée ou n'a pu être élucidée par les intervenants qui, néanmoins, assurent le suivi et l'accompagnement de ces enfants. L'analyse des dossiers d'intervention indique les principaux aspects qui rendent l'interprétation de la plainte d'abus sexuel complexe pour l'intervenant. Ils sont de plusieurs ordres : l'expression parfois contradictoire des propos des différents protagonistes ; le jeune âge de l'enfant qui rend son accès à la parole difficile ou aléatoire et peut faire de lui l'objet de manipulations de la part de l'adulte ; les enjeux inhérents aux stratégies conjugales, familiales, personnelles ; la dynamique relationnelle conflictuelle ; l'attitude surprotectrice de mères seules envers leur enfant ; le fait que soient conjugués maltraitance et abus sexuel.

Un autre aspect lié à la problématique du doute concerne les interventions elles-mêmes : parfois, le manque de données primaires ou objectives, le nombre très limité de rencontres avec les différents protagonistes ou encore l'absence de l'enfant ou de l'abuseur aux entretiens, ne permettent pas de saisir le sens de l'allégation. Certains dossiers, en effet, sont ouverts à la suite d'une plainte qui, une fois déposée par un parent ou toute autre personne, ne se concrétise pas par une demande d'aide ou de prise en charge.

Le doute est également clairement et largement énoncé par les intervenants rencontrés dans le cadre de l'enquête. Plus d'un tiers des intervenants, quelle que soit leur appartenance socio-professionnelle, présentent spontanément leurs difficultés en cette matière.

L'évocation de difficultés de diagnostic peut revêtir des significations différentes. Pour certains, elles s'inscrivent dans une volonté de vouloir à tout prix confirmer ou infirmer l'abus sexuel, recherche d'autant plus difficile que les fausses allégations empruntent généralement le même schéma que les allégations d'abus sexuel effectif. Pour les intervenants spécialisés des Équipes SOS-Enfants, cette thématique se pose en d'autres termes. Conscients que le doute fait partie de leur pratique, ces intervenants semblent situer davantage la difficulté au niveau du «comment travailler avec le doute?», «comment, malgré le doute, apporter une aide adéquate à l'enfant et à sa famille?». Car, comme le souligne Crivillé, «*le doute fait partie intégrante de beaucoup de ces situations, que ce soit au niveau des faits, au niveau de leur gravité, ou au niveau de la signification qu'ils prennent. Mais l'enfant est là, sa famille aussi, et c'est à eux que l'on a affaire*». (Crivillé, 1994, p. 130).

Les réponses apportées par chacun dans la dynamique de l'accompagnement ne sont et ne peuvent être identiques; elles dépendent de l'appartenance socio-professionnelle, de l'expérience en matière d'abus sexuel, mais également des représentations sociales, valeurs, émotions de l'intervenant. Elles sont, au demeurant, étroitement tributaires de l'information et de la formation des différents professionnels. Si cette thématique est largement développée dans le chapitre 3, nous en mentionnerons, d'ores et déjà, l'esprit.

Face à ce problème du doute, les intervenants expriment le souhait d'être mieux armés pour établir le diagnostic. Ils voudraient disposer de critères fiables, connaître les signaux d'alarme en vue d'établir un diagnostic précoce, être informés d'indicateurs permettant d'établir un diagnostic différentiel d'abus sexuel dans les familles à problèmes multiples ou même pouvoir prévoir le risque encouru par l'enfant. Ils souhaitent pouvoir déceler si le discours de l'enfant ou de l'adolescent est empreint de fabulation ou si, dans les situations de séparation ou de divorce par exemple, ses propos relèvent de l'induction par un parent. Ces mêmes intervenants craignent toutefois d'annoncer intempestivement des situations d'abus sexuels sur base de signes dits indicateurs.

Les réponses à apporter à ces attentes des intervenants doivent être extrêmement nuancées. En effet, même les intervenants spécialisés en la matière, à savoir les professionnels des Équipes SOS-Enfants et plus particulièrement dans le cadre de notre recherche, celle de l'hôpital Saint Pierre, mais aussi, comme le soulève H. Van Gijseghem (1991), les experts-psychologues, butent sur le problème de l'incertitude face à une allégation d'abus sexuel à l'égard d'enfants. Même une formation spécialisée ne permet pas de déterminer avec certitude s'il y a ou non abus sexuel.

Par ailleurs, précisons qu'il est illusoire et non sans risque d'effets pervers de vouloir donner à tous les intervenants une formation trop approfondie en matière de diagnostic. D'abord, il n'existe pas de critères, de signaux, de symptômes spécifiques aux situations d'abus sexuel. Ensuite, lorsqu'on repère certains signaux qui pourraient faire penser à l'existence d'un abus sexuel, ceux-ci doivent nécessairement être compris et interprétés grâce à une analyse complète, dynamique et systémique des contextes du dévoilement, du signalement et de la situation familiale dans son ensemble, ce qui requiert une formation clinique et du temps.

Que pourrait-on dès lors proposer aux intervenants afin d'éviter l'apparition d'une «mythomanie» de l'abus sexuel, ainsi que les risques et effets pervers d'une interprétation hâtive ou d'une induction? Lorsque l'intervenant de première ligne est confronté à une suspicion d'abus sexuel, la première démarche qui lui incomberait ne serait-elle pas d'adopter une attitude d'écoute, une attitude tout à la fois réceptive et empathique vis-à-vis de l'enfant en souffrance, quelle que soit l'origine de celle-ci? De telles attitudes éviteraient pour le moins à l'enfant de ressentir un sentiment d'intrusion, de non-respect et pourraient faciliter l'expression d'un vécu douloureux.

Il appartient donc à chacun d'être, non pas vigilant, mais ouvert, et de s'interroger quant à ses propres limites émotionnelles, ses propres capacités à faire face à une problématique aussi lourde qui suscite autant de résonance affective. Quelles que soient ses capacités, il restera difficile à tout intervenant, et *a fortiori* aux intervenants de première ligne, de formuler un diagnostic valide sur le plan clinique. Toute démarche de questionnement maladroit de l'enfant ou d'interventionnisme hâtif auprès des parents risquerait de provoquer une rétractation ou d'induire la confusion, et en tout cas d'être préjudiciable à l'enfant. Ces intervenants peuvent, toutefois, avoir recours à d'autres, plus spécialisés en la matière, auxquels ils devraient pouvoir exposer, le plus exactement possible, les signes ou les propos manifestés par l'enfant. Il appartiendra alors à ces intervenants plus spécialisés de maintenir une collaboration et d'effectuer un suivi dans la gestion de la situation.

Notre recherche permet de penser que nombre d'intervenants procèdent déjà de la sorte: en effet, les centres d'accueil, les médecins, les travailleurs médico-sociaux, les services médicaux, les centres psycho-médico-sociaux et les écoles renvoient les situations ou les cas de suspicion d'abus sexuel vers des organismes plus compétents en la matière ou perçus de la sorte (Équipes SOS-Enfants, Service d'Aide à la Jeunesse, Justice Protectionnelle, etc.).

Un tel réflexe des intervenants est à promouvoir, plutôt qu'une formation approfondie pour tous. Par contre, une information correcte de tous est indispensable : cette information devrait surtout porter sur l'attitude d'ouverture, de respect, de non-induction à adopter ainsi que sur les relais existants.

2.2. Le signalement aux autorités judiciaires ou administratives

Le signalement d'un abus sexuel à l'égard de l'enfant provoque une situation de crise, largement ressentie au sein de la famille mais aussi par l'intervenant qui, au-delà et à partir de la question, nous l'avons vu, délicate, du diagnostic, se pose la question, tout aussi délicate, de l'aide et de la protection de l'enfant. Si, comme nous le pensons avec Andréoli et Crivillé, «*"la crise est un moment existentiel fécond ou nuisible selon le destin qui lui sera donné", il importe que ce destin ne soit pas aussi aveugle que l'inceste est destructeur*». (Crivillé, 1994, p. 179). Envisager ce destin renvoie nécessairement à l'interrogation sur l'éthique de l'intervention, en l'absence, d'ailleurs incontournable s'agissant d'action en sciences humaines, d'une seule et bonne solution applicable à toute situation.

Le signalement aux autorités judiciaires ou administratives participe de cette réflexion éthique. Elle se présente avec d'autant plus d'acuité que les implications du signalement sur le destin de l'enfant et de sa famille risquent (plus que les interventions se situant dans une même logique d'action d'aide psycho-sociale par exemple), d'être lourdes de conséquences sur les plans individuel et familial : répétition des interviews pour l'enfant, placement de l'enfant victime, emprisonnement éventuel de l'auteur de l'abus, éclatement de la famille, etc.

2.2.1. L'obligation de signalement

En Belgique, il n'y a pas, à l'heure actuelle, d'obligation de signalement des situations d'abus sexuel aux autorités judiciaires ou administratives. En matière de signalement aux autorités judiciaires, deux dispositions légales entrent en contradiction : il s'agit de l'article 458 du Code Pénal Belge, qui impose aux intervenants l'obligation au secret professionnel, et de l'article 422 bis du Code Pénal qui réprime la non-assistance à personne en danger et dont découle une obligation de parler en matière de maltraitance et d'abus sexuel.

Face à cette contradiction, l'évolution récente de la doctrine et de la jurisprudence est telle qu'il apparaît que tout professionnel peut, sans risquer d'encourir des sanctions pénales, passer outre l'obligation du secret professionnel en signalant les situations d'abus sexuels d'enfants auxquelles il est directement confronté si son but est de préserver la vie ou la santé psychique de l'enfant. C'est donc à leur seule conscience que doivent s'en remettre les professionnels pour apprécier s'ils doivent ou non révéler ces situations aux autorités judiciaires.

Quant au signalement aux autorités administratives, il n'est pas non plus obligatoire bien qu'une tentative ait eu lieu dans ce sens. Un avant-projet de décret relatif à la coordination de la lutte contre la maltraitance des enfants témoignait clairement de la volonté de l'exécutif de la Communauté française de Belgique d'instituer le Service d'Aide à la Jeunesse (instance déjudiciarisée de création récente, 1991) comme un acteur-clé, voire incontournable, en matière d'abus sexuels d'enfants, en proposant l'instauration d'une obligation légale de signalement des situations d'enfants maltraités et abusés au Conseiller de l'Aide à la Jeunesse, sous peine d'être passible de sanctions pénales.

En France, l'obligation d'avertir les autorités administratives ou judiciaires s'impose à tout citoyen ayant connaissance de mauvais traitements infligés aux mineurs. Les difficultés d'application de la loi à propos du secret professionnel et de l'obligation légale de signaler les crimes et les mauvais traitements infligés aux enfants de moins de quinze ans sont manifestes. L'écartèlement entre le respect du secret professionnel et l'urgence du devoir d'assistance est donc à son apogée dans les situations de mauvais traitements. Toutefois, le nouveau Code Pénal envisage que deux types de situations justifient la levée du secret professionnel : les sévices et privations à personnes faibles et les violences sexuelles de toute nature. Au niveau du signalement des faits, sa justification ne concerne plus seulement les mineurs d'âge de moins de quinze ans mais bien toute personne qui n'est pas en mesure de se protéger en raison de son âge ou de son état physique ou psychique. Par ailleurs, les autorités qu'il est possible d'informer sont, explicitement, les autorités judiciaires et les autorités administratives en général (pas uniquement celles chargées des actions sanitaires et sociales). Enfin, la possibilité de signalement n'est plus limitée aux seuls faits connus à l'occasion de l'exercice de la profession.

En Grande-Bretagne, au Québec et aux États-Unis, existent des lois de signalement obligatoire («mandatory reporting laws») assorties de sanctions pour les personnes qui ne signalent pas, non seulement ce qu'elles voient, mais également, toute suspicion «raisonnable» qu'elles auraient. Toute personne manquant au devoir légal de signalement (y compris les médecins) peut être poursuivie en responsabilité civile et amenée à payer d'importants dédommagements. Aux États-Unis, contrairement à la Grande-Bretagne, l'investigation est très codifiée. Elle doit débuter dans un délai de moins de quarante huit heures et est sous contrôle légal. Le signalement doit être validé par un travailleur social (Social worker) qui doit se positionner sur le fondement (minimum de signes crédibles) ou non de la plainte.

Se posent dès lors pour tous, la question de savoir quelle conception du signalement en matière de maltraitance et d'abus sexuels d'enfants s'avère être la plus souhaitable.

Les résultats de la recherche, ainsi qu'une analyse critique de ceux-ci, nous permettent d'éclairer ces questions et de proposer des pistes d'action[7].

2.2.2. *Les intervenants face au signalement*

Les résultats de l'enquête auprès des intervenants indiquent que 59 % des intervenants ayant été confrontés, dans le cadre de leur pratique, à des situations d'abus sexuel ont déjà opéré un signalement de celles-ci au Parquet. Notons que les policiers et les gendarmes sont professionnellement tenus de signaler, au Parquet, les situations qu'ils rencontrent. Dans cette démarche de signalement, les intervenants ne se distinguent pas tant par leur appartenance socio-professionnelle ou institutionnelle que par le nombre de situations d'abus sexuel auxquelles ils ont été confrontés dans leur pratique. On constate en effet un accroissement du signalement aux autorités judiciaires en fonction du nombre de situations d'abus sexuel rencontrées.

Parallèlement à cette tendance générale, on observe que les intervenants les plus fréquemment confrontés au problème, à l'exception toutefois des Centres psycho-médico-sociaux (PMS), de l'Inspection Médicale Scolaire (IMS) et des Centres de Santé Mentale, sont également ceux qui mentionnent qu'une des principales difficultés qu'ils rencontrent est celle de la négation des faits par l'auteur de l'abus.

Nous émettons l'hypothèse qu'en l'absence de toute obligation légale de signalement, une des motivations principales des intervenants à référer un signalement de situations d'abus sexuel aux autorités judiciaires serait liée à une confrontation répétée à la difficulté que constitue la négation des faits par l'auteur présumé de l'abus. En effet, régulièrement confrontés à la négation des faits par l'auteur présumé de l'abus, la plupart des intervenants psycho-médico-sociaux prendraient conscience de la difficulté, voire de l'impossibilité, d'entamer un travail thérapeutique réellement efficace, mais aussi du danger que pourrait continuer à courir l'enfant maintenu en présence d'un abuseur qui nie les faits.

Relevons toutefois une éventuelle exception en ce qui concerne les Centres de Santé Mentale : peut-être est-ce là le reflet, en tout cas pour certains d'entre eux, d'une détermination à se situer dans une tradition thérapeutique originelle centrée sur la relation de confiance entre le thérapeute et le client et sur le respect absolu du secret professionnel perçu comme une garantie indispensable au bon déroulement du processus thérapeutique.

Par ailleurs, on peut faire l'hypothèse que le signalement de situations d'abus sexuel aux autorités judiciaires par les intervenants les plus fréquemment confrontés à la problématique serait également fonction de leur perception de la gravité de la situation pour l'enfant, perception étroitement liée au diagnostic qu'ils font de la situation, ce diagnostic étant lui-même conditionné, notamment, par leur expérience et leur formation en matière d'abus sexuel.

Les intervenants moins fréquemment confrontés au problème, quant à eux, ne restent pas isolés mais réfèrent les situations qu'ils rencontrent à d'autres intervenants plus compétents en la matière. Notre analyse des filières de signalement indique qu'ils s'adressent principalement aux Services d'Aide à la Jeunesse et aux Équipes pluridisciplinaires SOS-Enfants qui opèrent, vraisemblablement avec plus de discernement, un signalement aux autorités judiciaires.

Un tel discernement est indispensable. En effet, rappelons ici qu'il existe œ même si elles sont peu fréquentes et surtout relatives à des situations de séparation ou de divorce œ des fausses allégations d'abus sexuel et, plus encore, des allégations d'abus sexuel qui ne seront ni confirmées ni infirmées par des cliniciens pourtant formés et spécialisés en la matière.

2.2.3. *Faut-il rendre obligatoire le signalement aux autorités?*

Malgré l'absence, à l'heure actuelle en Communauté française de Belgique, de toute obligation légale de signalement des situations d'abus

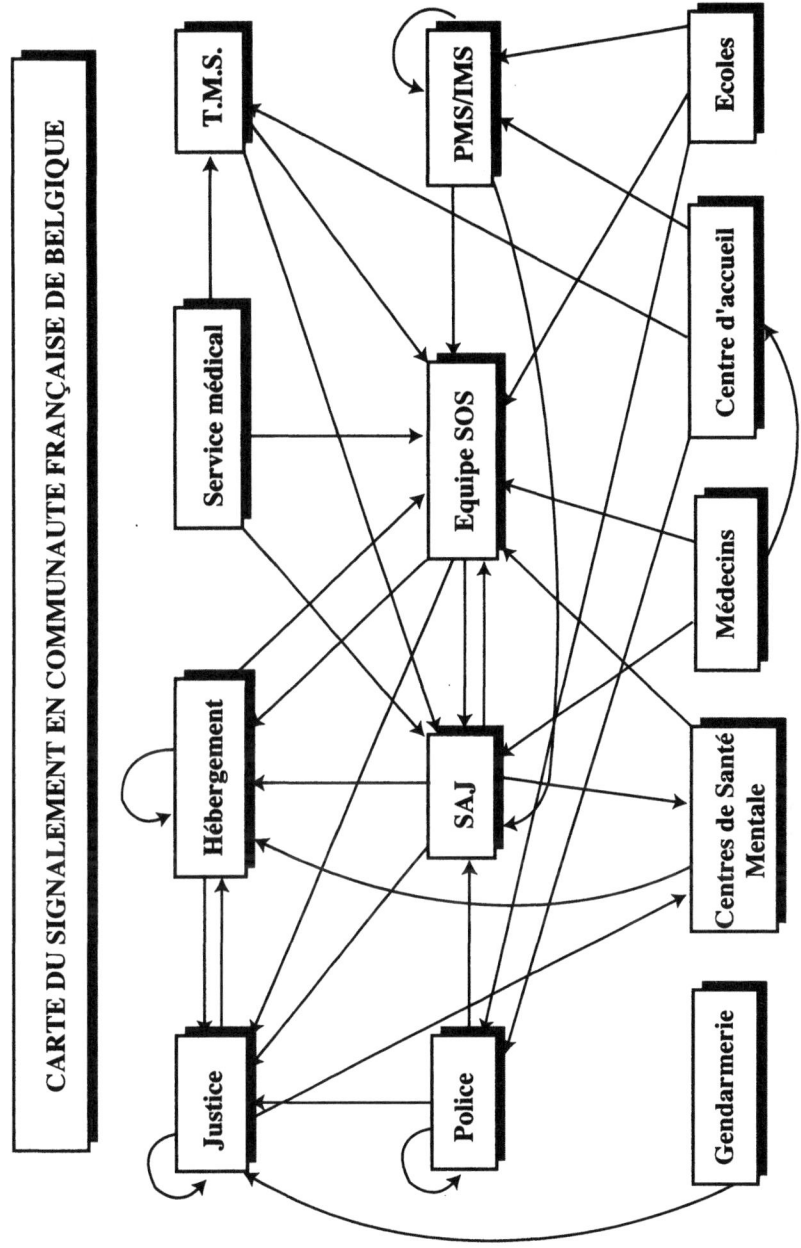

sexuel aux autorités judiciaires ou administratives, les résultats de l'enquête auprès des intervenants montrent qu'en matière de signalement existent diverses filières, qui, à l'image d'un entonnoir, se rejoignent finalement au niveau de trois instances-clés, celles qui sont d'ailleurs officiellement mandatées en matière d'abus sexuels, à savoir les Services d'Aide à la Jeunesse, les Équipes SOS-Enfants et la Justice Protectionnelle. Ces instances interviennent ainsi généralement après un processus de filtrage progressif. Durant ce processus, certaines situations sont transmises ou restent gérées par des institutions de deuxième ligne, tandis que d'autres, supposées être les plus graves ou les plus délicates, font l'objet d'une prise en charge par l'une ou plusieurs de ces trois instances. Par ailleurs, ces trois instances de référence entretiennent entre elles d'étroites relations, tant au niveau du signalement qu'au niveau de la collaboration.

La carte des filières de signalement[8] en Communauté française de Belgique offre une visualisation de ces diverses filières qui ont pu être mises en évidence grâce à l'enquête auprès des intervenants.

Les résultats de l'analyse nous amènent à nous interroger sur l'opportunité de l'instauration d'une obligation légale de signalement en Belgique, et ce d'autant plus que de nombreux effets pervers semblent apparaître dans les pays ayant instauré une telle obligation.

L'instauration d'un signalement obligatoire des situations de maltraitance et d'abus sexuel ne risque-t-elle pas de déresponsabiliser les intervenants ?

En ce qui concerne les intervenants formés à la problématique de l'abus sexuel, il est vraisemblable que ceux-ci signalent avec discernement les situations d'abus sexuel à la justice protectionnelle, notamment, lorsque la collaboration ou le travail thérapeutique avec la famille est impossible ou lorsque l'enfant reste en danger d'être abusé. Quant aux intervenants peu formés ou peu confrontés à la problématique, l'analyse montre qu'ils ne restent pas isolés et réfèrent généralement les situations qu'ils rencontrent à d'autres intervenants plus qualifiés ou mieux insérés dans le système d'intervention.

Rompre l'isolement et offrir une information adéquate aux personnes ressources est bien sûr indispensable, mais cela nécessite-t-il l'instauration d'une obligation légale de signalement ? Par ailleurs, l'instauration d'une obligation ne risque-t-elle pas d'engendrer une augmentation des signalements à ce point importante que le service légalement mandaté pour les recevoir ne soit totalement débordé et ne voie par là son efficacité considérablement diminuée ? En effet, les intervenants non spécialisés en matière d'abus sexuel et néanmoins confrontés au problème risquent de signaler dès la moindre suspicion, avant de tenter de mettre en œuvre, en coordination avec d'autres intervenants et notamment avec des intervenants plus spécialisés, des solutions adaptées, réfléchies, efficaces.

Chercher des solutions en coordination implique une réflexion sans cesse renouvelée, réflexion commune indispensable pour guider efficacement l'action. Il semble, au vu des résultats de la recherche, que la plupart des intervenants interviewés agissent de la sorte. Or, l'instauration d'une obligation de signalement n'aurait-elle pas l'effet pervers de couper court à cette réflexion fructueuse en déresponsabilisant les intervenants, mais aussi, parallèlement, en les dépossédant des moyens qu'ils auraient pu ou voulu mettre en œuvre ? Par ailleurs, il semble illusoire et inopportun de vouloir doter tous les intervenants d'une formation « baguette magique » qui leur permettrait de détecter avec suffisamment de discernement, d'hypothétiques situations d'abus sexuel susceptibles d'être confirmées. Ne conviendrait-il pas mieux de susciter et de stimuler la réflexion, notamment éthique, et de favoriser les interactions entre les différents intervenants, souvent complémentaires dans leur travail sur le terrain ?

D'une manière plus générale, l'instauration d'une obligation de signalement risque d'engendrer une dangereuse dérive pour l'ensemble des intervenants qui, plutôt que de se concentrer sur l'aide qu'ils pourraient apporter aux personnes, se centreraient sur la détection d'indices et se transformeraient ainsi en « contrôleurs de l'ordre social ».

Une autre source de difficultés réside dans le fait que le Service d'Aide à la Jeunesse, instance déjudiciarisée, puisse recevoir l'ensemble des signalements : n'y a-t-il pas là risque que le SAJ ne se substitue, fût-ce partiellement, à la justice, en s'instaurant ou en étant perçu comme un représentant de la loi dans le secteur social ? Si tel était le cas, la qualité des rapports entre le SAJ et le judiciaire surtout, mais aussi entre le SAJ et l'ensemble des intervenants, pourrait en souffrir et constituer ainsi une source supplémentaire de tensions, laquelle ne pourrait que se répercuter négativement sur l'aide à apporter aux familles en difficulté. Par ailleurs, l'instauration de ce service comme institution centralisatrice de l'ensemble des signalements, alors qu'il n'est outillé, ni pour le diagnostic, ni pour la thérapeutique de situations d'abus sexuel, aboutirait, pour de nombreuses situations, à ce qu'il ne soit qu'un maillon supplémentaire dans la chaîne des intervenants. On peut ainsi engendrer lourdeur et retard supplémentaire dans la gestion des situations, ce qui ne manquerait pas, dans certains cas, de se retourner contre l'enfant.

Plus généralement, l'instauration d'une obligation légale de signalement, que ce soit aux autorités judiciaires ou administratives, ne risque-t-elle pas de porter gravement atteinte à la confiance que les familles accordent aux intervenants du milieu médical, psychologique et social et, en définitive, de se retourner contre les enfants victimes ? Les parents pourraient montrer alors une résistance accrue à faire appel à ces intervenants et cela compromettrait définitivement leur accès, souvent déjà difficile, à ces milieux d'aide et d'accompagnement.

Bien entendu, il convient de ne pas oublier que le but visé par l'instauration d'une obligation légale de signalement, à savoir protéger au mieux tout enfant victime de négligence, de maltraitance et d'abus sexuel, est non seulement tout à fait louable, mais correspond également à l'évolution en matière de garantie des Droits de l'enfant : ainsi, ni le but, ni la nécessité, dans certains cas, d'un signalement aux autorités, et dans tous les cas, d'une réflexion partagée ne doivent être remis en question. Seul, l'aspect obligatoire du signalement à l'autorité, qu'elle soit judiciaire ou administrative, pose question, en ce qu'il peut engendrer des effets négatifs indésirables. Il pose d'autant plus question que la recherche précise que nombre d'intervenants disposent déjà d'autres ressources et d'autres moyens qu'il s'agirait de peaufiner et de diffuser à l'ensemble des intervenants. Ainsi par exemple, la création de groupes de coordination peut favoriser l'échange, la communication, la transmission d'informations.

Ce but d'information rencontre le souhait massivement exprimé par les intervenants interviewés lors de l'enquête. L'apport d'information ne doit pas s'adresser principalement et uniquement aux intervenants régulièrement confrontés aux problèmes de négligence, de maltraitance et d'abus sexuel. Dans le cadre de l'enquête, nous avons pris soin de contacter non seulement ces intervenants, mais également ceux qui sont moins fréquemment confrontés à la problématique, ainsi que ceux qui sont, de par leur profession, seulement susceptibles de l'être. Il s'avère que ces derniers précisément témoignent du plus grand besoin d'être informés.

Dès lors, il semble que l'information doit être adressée à tous les professionnels confrontés ou susceptibles d'être confrontés à la problématique, et que, par ailleurs, ceux-ci devraient avoir une connaissance des différentes dimensions que recouvre le phénomène de l'abus sexuel à l'égard des enfants et surtout être préalablement informés des relais existants.

Une telle information devrait être de nature à susciter une réflexion éthique pour chaque intervenant : cette réflexion, en ce qu'elle interpelle, responsabilise et incite au recours à une pensée dynamique et plurielle, partagée entre intervenants, pourrait bien constituer une des principales garanties d'efficacité de l'action.

NOTES

[1] Etude des dossiers d'intervention : Haesevoets, Y. - Document n° 3, Martin, P. - Document n° 4.
[2] Haesevoets Yves-Hiram, *Phénoménologie clinique de l'abus sexuel intra-familial. Analyse descriptive et qualitative de dossiers d'intervention*. Document n° 3, Université Libre de Bruxelles, 1994, 306 p.
[3] Cette nuance réfère au statut du nouveau conjoint : il peut représenter pour l'enfant un substitut paternel ou ne détenir qu'un rôle secondaire à l'égard de l'enfant.
[4] Martin Pascale, *La question de l'abus sexuel intra-familial : place et rôle de l'enfant face à l'allégation d'abus sexuel. Étude qualitative de dossiers d'intervention*. Document n° 4, Université Libre de Bruxelles, 1994, 145 p.
[5] Dans le chapitre 4, cette question du statut de la parole de l'enfant, de la place des silences et du mensonge, sera abordée.
[6] Bernard Françoise, Meyer Joëlle, Porto Margarida, *L'intervenant et la problématique de l'abus sexuel. Analyse qualitative des questionnaires et interviews*. Document n° 2, Université de Liège et Université Libre de Bruxelles, 1994, 114 p.
[7] Van Poppel Evelyne, *L'intervenant et la problématique de l'abus sexuel d'enfants : interactions entre le judiciaire et le psycho-médico-social. Point de vue légal, analyse quantitative, analyse critique et perspectives*. Document n° 5, Université de Liège, 1994, 54 p.
[8] Beeckmans Véronique, Burnay Nathalie, Pasleau Jean-Pierre, *Les intervenants et l'abus sexuel intra-familial : représentations sociales et interactions. Analyse quantitative des questionnaires et interviews*. Document n° 1, Facultés Universitaires Notre Dame de la Paix de Namur, 1994, 179 p.

Chapitre 2
Familles et intervenants : dynamiques relationnelles

Véronique BEECKMANS
Jean-Pierre PASLEAU
Margarida PORTO

1. COMPLEXITÉ ET DIMENSION SYSTÉMIQUE

La complexité de la thématique de l'abus sexuel, à la fois problème sociétal et individuel, tient notamment à la multiplicité des dimensions du problème. Les dimensions législatives, médicales, psychologiques, sociales, culturelles en constituent les principales. Nos repères à propos de cette problématique sont en évolution constante et multiforme. Ainsi, si nous reprenons quelques idées de Devereux (1992), l'enracinement social du professionnel, son idéologie, influencent grandement sa perception d'un phénomène humain et ses réactions conséquentes. Cette question de la compréhension de l'influence de l'idéologie sur l'action est extrêmement complexe parce que largement préconsciente. Notre compréhension d'une situation varie en fonction de notre culture, de nos références à une logique d'intervention, de notre appartenance professionnelle, etc.

Malgré la nécessité d'axer un modèle d'analyse sur l'enfant victime d'abus sexuel, la réalité de l'abus sexuel ne peut être comprise dans sa globalité qu'en replaçant l'enfant abusé dans son milieu de vie, dans son **système familial**, c'est-à-dire en interaction avec tous les autres membres du système. En effet, l'enfant ne peut être isolé de sa famille qu'au prix d'une réduction artificielle. Mais, cette famille s'inscrit également dans un contexte plus large, avec lequel elle interagit.

Le système familial va lui-même être appréhendé par des intervenants psycho-médico-sociaux et judiciaires qui s'organisent en réseaux national, communautaire ou régional. L'étude de deux systèmes ouverts en interaction s'impose donc.

L'abus sexuel est porté à la connaissance des intervenants par un discours que l'on peut appeler une «allégation». Sans présupposer de la réalité des faits, celle-ci donne à l'intervenant l'autorisation de s'immiscer dans les familles afin d'établir la vérité, de protéger l'enfant ou de lutter contre le maintien des situations abusives.

Des modalités d'institutionnalisation d'un «drame» privé dépendra l'évolution d'un enfant, d'une famille. La manière d'appréhender la situation familiale est elle-même largement influencée par le vécu personnel des professionnels et par l'idée qu'ils se font du drame et de ses protagonistes.

2. LES PROFESSIONNELS ONT DES ÉMOTIONS

«L'entreprise professionnelle, en particulier celle d'État, n'est pas dénuée de sentiments». Ce postulat est présenté par Papazian (1992). Les auteurs du volume *Du cri au silence* (Hadjiski, 1993) le confirment par une recherche et leurs commentaires au sujet de ce qui est en jeu lorsque des intervenants sont confrontés à une situation de maltraitance physique. Crivillé (1987) consacre aussi un chapitre à l'avalanche de sentiments surgissant chez le professionnel lorsqu'il est confronté au problème. Ainsi, le professionnel confronté à un dévoilement d'abus sexuel dans une famille qu'il connaît peut se sentir extrêmement **coupable** de ne pas avoir pu dépister le problème plus tôt, de ne pas avoir protégé l'enfant mais aussi, il peut être **déçu** pour la mère, défaillante, malgré l'aide apportée. L'intervenant peut-être **sidéré** et **choqué** par les dires de l'enfant, à un point tel qu'il devient incapable d'entendre réellement sa parole, au risque d'intervenir massivement, sans discrimination. Le professionnel peut être bien vite **tenté de se substituer** aux parents qu'il juge indignes par des actions réparatrices où le désir, louable, de venir en aide camoufle d'autres motivations inconscientes.

Devereux, dans *De l'angoisse à la méthode dans les sciences du comportement* souligne largement l'incidence du **contre-transfert** dans l'approche et la compréhension des groupes humains. Il propose quelques arguments de réflexion quant à cette dissociation indispensable entre les professionnels et les sujets étudiés pour qu'une aide soit efficace. *«Quel-*

ques analystes du comportement se dissocient de leurs sujets, adoptant à leur égard une position d'observateur plus ou moins extra-humaine et les transformant ainsi pratiquement en cobayes; mais ils en sont inconsciemment angoissés, d'où toutes les défenses qu'ils mettent en œuvre, allant de l'attitude professionnelle à une mécanomorphisation (...) ou au moins à une zoomorphisation de l'homme. La perte de sensibilité qui en résulte et la dégradation du sens, bien rassurant, de sa propre humanité devraient constituer par elles-mêmes des raisons suffisantes pour éviter cette attitude distante (...)» (Devereux, 1992, p. 222). **L'affect est indispensable dans la compréhension de l'autre mais son contenu doit être travaillé.**

La recherche tente de mieux comprendre les émotions de l'intervenant liées à son implication dans une dynamique familiale par la révélation d'un abus sexuel. Les entretiens avec les intervenants lors de la présentation du questionnaire préparé pour la recherche ont permis de percevoir à quel point les questions soulevées par les abus sexuels les troublent. Il a très souvent été difficile de limiter dans le temps les entretiens car les personnes interrogées étaient intarissables et montraient par là à quel point la confrontation avec une famille dans laquelle un abus a été commis fait surgir des émotions diverses, parfois contradictoires, et leur pose question tant à un niveau personnel que professionnel.

L'analyse qualitative des questionnaires met en évidence à quel point l'abus sexuel fait surgir d'intenses sentiments d'horreur et d'indignation. Il est des intervenants qui évoquent plutôt des sentiments de pitié. Cependant, de nombreux professionnels rationalisent et évitent de laisser surgir les émotions, ils s'efforcent à rester en contrôle et à plutôt invoquer l'action.

L'analyse quantitative des réponses aux questionnaires a permis de préciser la difficulté des professionnels à exprimer des sentiments par rapport à l'abus sexuel. Il est vrai que le contexte d'interview n'est, sans doute, pas propice à l'expression des émotions. Il est malgré tout surprenant de constater qu'un tiers des intervenants interrogés ne se prononcent ni vis-à-vis de l'auteur de l'abus ni vis-à-vis de l'enfant. La moitié n'exprime pas de sentiments par rapport à la mère de l'enfant abusé, rappelons-le, une question directe sur ce sujet leur était posée.

L'analyse des interviews a permis de constater que les hommes expriment moins de sentiments que les femmes par rapport à l'enfant abusé et les femmes expriment plus de compassion que les hommes.

En ce qui concerne les sentiments vis-à-vis de l'auteur de l'abus, ce n'est pas essentiellement le **sexe** des intervenants qui semble avoir une incidence mais plutôt leur **expérience professionnelle**. Si l'intervenant a déjà été souvent en contact avec le problème, il a tendance à exprimer moins d'émotion, qu'elles soient positives ou négatives, vis-à-vis de l'auteur de l'abus. L'expression de sentiments de rejet diminue avec le nombre de cas mais augmente très sensiblement chez les intervenants qui ont de très nombreux cas. Peut-être arrivent-ils à **saturation** (burn-out) d'autant plus que les moyens de prise en charge des auteurs d'abus sont extrêmement limités. En général, les intervenants sont relativement sensibles aux conditions de vie familiale perturbées de l'abuseur, ce fait ayant une incidence sur sa personnalité. Cette perception de la souffrance de l'auteur de l'abus augmente avec l'expérience.

Il apparaît que la **formation** professionnelle et psycho-relationnelle de l'intervenant doit être telle qu'elle supplante le mouvement émotionnel spontané de celui-ci face à une situation d'abus sexuel. Il est donc étrange que des professionnels très régulièrement en contact avec les situations d'abus sexuels ne bénéficient pas, dans le cadre de leurs fonctions, d'une aide par **supervision**. La majorité des professionnels interrogés demandent d'ailleurs cette forme de formation permanente, ou plutôt d'aide à appréhender chaque situation différente au-delà de ce qu'elle évoque et fait surgir comme émotions. La fréquence du **burn-out**, ou l'over-dose provoquée par ces situations, devrait mobiliser les responsables vis-à-vis de **la nécessité du soutien des professionnels par les supervisions ou les intervisions ou encore les réunions de professionnels.**

3. REPRÉSENTATIONS SOCIALES DES FAMILLES

Notre recherche a été construite, comme nous l'avons dit, autour de deux démarches centrales menées conjointement. Tout d'abord une double enquête par questionnaires auprès des intervenants concernés en Communauté Française de Belgique par les abus sexuels sur des enfants. Ensuite une double étude approfondie des dossiers d'intervention de l'Équipe SOS-Enfants de l'hôpital Saint Pierre à Bruxelles.

Ces deux démarches ne nous conduisent aux réalités vécues par les familles concernées que de façon indirecte. C'est toujours au travers du regard des intervenants que nous pouvons les rejoindre. Dans la première démarche, ce sont les intervenants qui ont répondu à nos enquêtes. Dans la seconde ce sont eux encore qui ont fixé l'information dans leurs dossiers.

Nous pouvons donc dégager de nos recherches un ensemble d'informations, précises et nuancées à la fois, sur les représentations sociales des intervenants. A travers les représentations sociales des familles dont ils sont porteurs, les intervenants rencontrent, observent, écoutent ces familles mais aussi, ils développent et orientent leurs interventions.

Nos approches méthodologiques cherchent à nous placer au creux de ce regard des intervenants sur les familles à partir duquel c'est tout le contenu et le fonctionnement des interventions sociales qui se jouent.

Nous avons essayé de situer les échanges se développant entre familles et intervenants, dans l'expérience quotidienne de ces derniers, ainsi que les représentations, en évolution constante, à travers lesquelles ils peuvent rejoindre et comprendre les familles marquées par l'abus sexuel.

A partir des réponses à nos enquêtes, nous avons intégré une série de variables significatives de cette expérience des intervenants : appartenance institutionnelle, formation, âge, sexe, confrontation à l'abus... Nous avons ensuite analysé les correspondances possibles entre celles-ci et des variables exprimant les opinions des intervenants concernant l'abuseur, l'abusé, la mère...

Rappelons que la très large majorité des intervenants rencontrés se disent d'abord confrontés à des situations d'abus intra-familiaux dont nous avons identifié ainsi les principaux protagonistes.

L'analyse factorielle des correspondances entre les variables retenues nous permet une première approche technique originale. Elle nous fournit une projection spatiale, structurée en quadrants, où ces variables se regroupent et se combinent dans des représentations différentes des familles portées par des intervenants différents.

Nous dégageons ainsi quatre types de représentations sociales des familles à partir desquelles quatre types d'intervenants différents structurent leurs interventions sur le terrain.

Deux caractéristiques s'imposent de manière un peu étonnante dans l'identification de ces différents types d'intervenants : **l'expérience** et **le sexe**. L'appartenance institutionnelle et la formation des intervenants, pourtant centrales dans les interactions entre professionnels, ne se montrent pas décisives dans les relations aux familles.

Ceci confirme ce que l'on sait par ailleurs de l'évolution des représentations sociales constituées essentiellement à travers l'expérience concrète. Plus que les discours rationnels et les connaissances théoriques acquises, c'est l'expérience accumulée, où dominent les dynamiques émotionnelles, qui modèle l'évolution des représentations. De la même manière, les études psychosociales, nombreuses, portant aujourd'hui sur les représentations conduisent toutes au même constat : bien plus que les références théoriques et techniques acquises, ce sont les représentations qui modèlent les comportements des individus.

Si l'on veut faire évoluer, sur le terrain, les interventions des professionnels, il faut aussi viser l'évolution de leurs représentations que celle de leurs savoirs et compétences théoriques. Ce fait est d'une importance capitale quant aux suites à donner à la recherche.

Et ce sont bien **quatre représentations différentes de la famille** que nous fournit notre analyse factorielle. Chacune de ces représentations correspond à une gestion spécifique des situations par les professionnels.

Le premier modèle (correspondant au troisième quadrant) centre toute l'attention — et particulièrement une charge émotionnelle très vive — sur **l'abuseur**. Celui-ci est le personnage central du jeu familial et le seul véritable acteur de l'abus lui-même. L'abuseur est perçu comme un être abject pour lequel l'intervenant n'a aucune compassion ni aucun souci de compréhension. De manière très nette les personnes interviewées refusent par exemple de s'intéresser aux conséquences de l'acte pour l'auteur de l'abus. La question elle-même leur paraît presque indécente et ils le disent! Toute la réalité familiale se résume ainsi à la seule personne de l'abuseur. La mère, elle, est perçue comme une pauvre victime manipulée par lui. Les intervenants expriment vis-à-vis d'elle surtout de la compassion.

L'enfant est absent des considérations, comme si le rejet de l'auteur de l'abus masquait, par sa violence, toute possibilité de perception du ressenti de l'enfant. La famille est donc quasiment niée, effacée. Seul apparaît un «monstre isolé», objet de tous les rejets.

Les intervenants porteurs de cette représentation sont les plus inexpérimentés. Ils se distinguent en tout cas par le peu d'expérience de confrontation à l'abus sexuel. Ils n'ont souvent rencontré que l'une ou l'autre situation. Cette première représentation peut donc apparaître comme un modèle de départ, à partir duquel les intervenants vont évoluer.

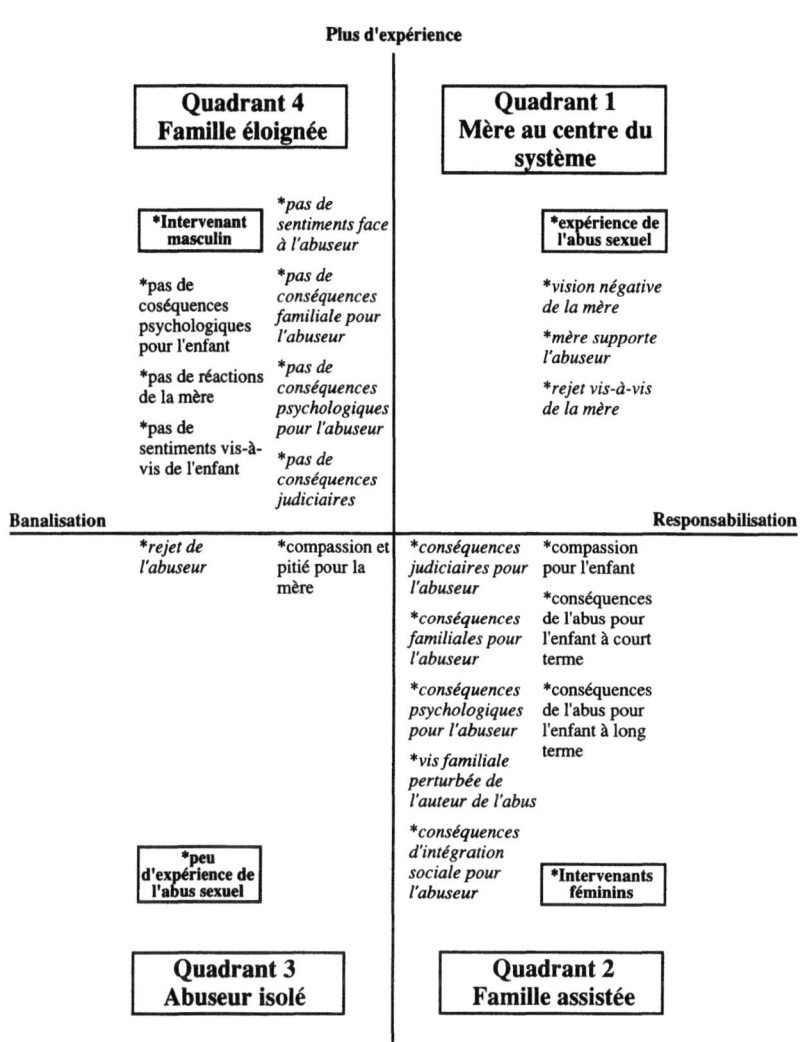

Représentation graphique de l'analyse factorielle «Quatre représentations de la famille».

Techniquement, on peut, avec intérêt, souligner l'impact de **la composante évaluative** classique des représentations. Plus que d'une évaluation négative de l'abuseur, c'est d'un rejet presque absolu que l'on peut parler. Comment imaginer une intervention, un travail social ou psychologique par exemple, qui ne soit magistralement marqué, orienté, voire rendu impossible par un tel rejet?

Plus encore, au-delà de l'évaluation, c'est tout un modèle comportemental complexe dont la représentation est porteuse. Cette image de la famille ou plutôt de l'abuseur, malgré son poids et même sa charge de violence, n'est pas clairement présente comme telle à la conscience des intervenants. C'est donc toute une structuration préconsciente échappant au contrôle du professionnel qui s'installe dans tout son fonctionnement quotidien et ses interventions.

La représentation de l'abuseur, portée par ce premier groupe, s'est constituée, à partir de l'expérience vécue la plus large de ces personnes. C'est donc d'un amalgame d'éléments symboliques significatifs, tirés de toute son expérience vécue, que l'intervenant tire cette représentation. Mais surtout, il va chercher, dans toute expérience nouvelle, à retrouver ses points de repères symboliques. Il ne pourra donc voir que ce qu'il est préparé à voir : un abuseur monstrueux, une mère manipulée et un enfant transparent. C'est le processus d'**ancrage** où chacun inscrit ses représentations dans les réalités vécues en y réinscrivant les points de repères qui lui permettent de structurer ses comportements quotidiens.

Un deuxième modèle (correspondant au quadrant 4) se précise, lui aussi, très nettement, mais cette netteté s'impose surtout dans la **pauvreté des informations retenues sur la famille**. On ne retient ainsi ni conséquences familiales, ni conséquences psychologiques, ni conséquences judiciaires mentionnées pour l'abuseur, ni réactions de la mère face à l'abus, ni conséquences psychologiques mentionnées pour l'enfant. L'image de la famille est ici particulièrement appauvrie, floue et surtout lointaine. Mais nous notons avant tout que ces intervenants n'expriment aucun sentiment, pas même par rapport à l'enfant. Ils parlent au contraire de prise de distance ou de neutralité. Ils semblent préoccupés de canaliser et même de maîtriser chaque émotion face à l'abus. Ce self-contrôle paraît être, pour eux, la condition première de toute gestion de ces situations. Tout cela se traduit pourtant clairement en un **désengagement émotionnel et perceptif** qui conduit à une prise de distance radicale d'avec les protagonistes du jeu familial.

Ce second groupe d'intervenants, majoritairement masculins, se caractérise donc d'abord par un désengagement émotionnel impressionnant. Un mécanisme de défense qui semble conduire à une dynamique de rejet qui ne porte plus cette fois sur la seule personne de l'abuseur. Le rejet se développe en prise de distance assez complète vis-à-vis des diverses composantes des réalités familiales rencontrées. On imagine aisément que cette pauvreté se retraduira dans toutes les interventions.

Un troisième modèle (correspondant au quadrant 2) se centre principalement sur **l'enfant et sur l'auteur de l'abus.** L'enfant d'abord est l'objet de toutes les préoccupations. Il attire essentiellement la pitié et la compassion. On prévoit surtout, en ce qui le concerne, des conséquences désastreuses de l'abus, aussi bien à court terme qu'à long terme. L'image de l'auteur de l'abus est également très différente de celle que nous avons pu trouver dans les autres modèles. Il apparaît cette fois, comme un individu marqué par son passé. Il a connu un vie familiale perturbée dans son enfance, mais ses souffrances sont aussi actuelles et futures. L'abus va également laisser des séquelles dans son intégrité. Les personnes interviewées mentionnent à la fois des conséquences judiciaires, des conséquences en termes d'exclusion sociale et en termes de difficultés familiales et psychologiques graves. Nous remarquons enfin que l'opinion de ces intervenants quant à la mère est mitigée tant au niveau des responsabilités qu'au niveau des sentiments qu'ils éprouvent à son sujet.

Ce troisième groupe d'intervenants, essentiellement féminins, se caractérise donc par la place prioritaire accordée aux émotions positives de compassion et à la compréhension des parcours humains, sociaux et psychologiques des individus concernés. Une dynamique de protection s'installe prioritairement orientée sur les protagonistes qui paraissent le plus en souffrance : l'enfant et l'auteur de l'abus. L'image de la mère paraît plus ambiguë. Si l'on rapproche ces éléments, on peut faire, sans doute, l'hypothèse d'une **attitude maternante** ou «**assistantialiste**» qui constitue l'essentiel des rapports entre ces intervenants et les familles concernées.

Enfin un quatrième modèle de représentations (correspondant au quadrant 1) se dessine clairement. Cette fois, c'est, de manière surprenante, **la mère de l'enfant victime** d'abus sexuel qui occupe la position centrale dans les préoccupations des intervenants mais surtout dans leur analyse du système familial lui-même. C'est la mère qui joue ainsi un rôle essentiel dans l'émergence même de l'abus. Sa responsabilité est claire, associée à celle de l'abuseur. Elle est perçue comme supportant ensuite celui-ci en priorité. Les autres modalités de variables consacrées à l'enfant ou à l'abuseur ne sont pas présentées dans ce quadrant, parce qu'elles ne paraissent pas significatives. Les opinions des intervenants sont effectivement centrées sur la mère. Elle devient ainsi un être négatif qui occupe une position de «co-abuseur» sur la scène de l'abus, toute autre dimension étant effacée.

Les caractéristiques de ce dernier groupe d'intervenants sont également significatives. Il s'agit cette fois de professionnels qui se distinguent par leur **expérience** en matière d'abus sexuel. Ils ont été très souvent interpellés dans la gestion de l'abus et semblent en avoir tiré, avant toute chose, cette vision très négative du rôle de la mère! C'est à son égard cette fois qu'ils ressentent et expriment un vif rejet. La plus grande part de leurs perceptions et opinions est dirigée prioritairement sur la mère. Il semble donc que l'évolution des représentations — qui se joue essentiellement, comme nous l'avons dit, à travers l'expérience concrète — conduit à centrer l'attention sur le rôle, non seulement ambigu mais central, de la mère dans l'émergence même de l'abus. C'est, en tout cas, le message que semblent transmettre les professionnels les plus expérimentés.

En résumé, ce sont donc quatre représentations différentes des systèmes familiaux qui se dessinent. Celles-ci sont portées par quatre groupes d'intervenants dont nous avons pu identifier quelques caractéristiques déterminantes. De façon étonnante, l'appartenance institutionnelle et les logiques de formation ne semblent pas prioritaires. Le partage des intervenants en termes de représentations sociales des familles — en termes de perceptions et d'opinions qui guident leurs interventions — se joue davantage sur des **dimensions personnelles** plutôt que sur des dimensions institutionnelles. En particulier les opinions se partagent lorsqu'on évolue selon deux axes. Le premier exprime l'expérience professionnelle, peu ou beaucoup de confrontations aux situations d'abus. Le second marque une opposition au niveau du sexe, distinguant des groupes majoritairement féminin et masculin. Mais l'âge des intervenants est aussi significatif, un clivage s'établit entre les intervenants âgés de 25 à 35 ans et ceux âgés de 35 à 50 ans. L'équilibre des sexes, des âges et de l'expérience dans la constitution d'une équipe permettrait, sans doute, une approche plus correcte des systèmes familiaux.

4. PERCEPTIONS DE LA FAMILLE

4.1. La mère de l'enfant abusé et son implication dans le processus abusif

La mère de l'enfant abusé semble poser des questions particulières aux professionnels, surtout à ceux qui ont eu à gérer de nombreux cas. Il est possible d'établir un lien entre les sentiments de rejet exprimés et l'expérience professionnelle des intervenants, cependant, il est difficile d'isoler les autres éléments influençant cet état de choses. La grande majorité des intervenants des équipes SOS-Enfants et des institutions judiciaires considère la **responsabilité de la mère** par rapport à l'abus sexuel de l'enfant alors que ce n'est pas le cas, ou dans une mesure nettement moindre, pour les autres intervenants. Peut-être cela s'explique-t-il par le fait que les équipes SOS-Enfants sont les plus engagées par rapport à une approche compréhensive et thérapeutique du système familial et parce que les institutions judiciaires doivent veiller à évaluer si la mère est capable de protéger l'enfant ou si elle est éventuellement complice de l'abus.

Il est possible que les professionnels féminins soient plus touchés par le rôle de la mère face à son conjoint abusif et son enfant abusé. En effet, les femmes interrogées expriment beaucoup plus de sentiments mitigés.

Deux tendances se dessinent donc parmi les intervenants : ceux qui conçoivent la responsabilité de la mère par rapport à l'abus et l'envisagent comme prenant au moins à un moment la défense de l'auteur de l'abus et, d'autre part, les intervenants qui, soit n'associent pas la mère à la responsabilité de l'abus, soit ne s'avancent pas. Le nombre de cas gérés semble déterminer l'appartenance à l'un ou l'autre de ces sous-groupes.

L'étude des dossiers d'intervention rend compte de l'importance du **rôle de la mère**. Ainsi, il semble que le développement des séquelles de l'abus est d'autant plus manifeste que l'enfant ne s'est pas senti protégé pendant les faits, ni soutenu au moment de leur révélation. Si la mère est psychologiquement sourde aux signaux de détresse de son enfant cela risque bien de solidifier la logique de silence dans laquelle l'enfant s'enferme, et celui-ci mettra en œuvre une panoplie de moyens défensifs pour survivre à la victimisation. Tout se passe dans ce cas comme si l'enfant était doublement victimisé. Il est victimisé à la fois par les attitudes de la mère d'indifférence, de rejet, de soumission face à l'auteur de l'abus et par les faits d'abus eux-mêmes. Nous verrons plus loin que l'intervention elle-même peut encore le victimiser.

Les questions gravitant autour du rôle de la mère dans la dynamique abusive, en relation avec **sa symptomatologie personnelle**, doivent se poser pour qu'une aide efficace puisse être apportée à l'enfant et à sa famille. Est-elle affectivement ambivalente à l'égard de son enfant, passivement soumise à l'image masculine, sexuellement perturbée ou inhibée, attirée masochistement par un partenaire violent ou immature, psychologiquement ou physiquement absente, désaffectivée, en situation d'échec conjugal, traumatisée par un passé de victime d'abus ? Quels profils est-il possible de dégager en ce qui concerne la partenaire de l'auteur d'abus sexuel, mère d'un enfant abusé ?

L'étude des dossiers d'intervention permet de déceler chez les mères non protectrices la présence de traumatismes sévères vécus pendant l'enfance ou l'adolescence, fragilisant ainsi la mère au point de se laisser surprendre par une situation abusive ou d'y contribuer implicitement ou explicitement. Nombre d'autres événements traumatisants s'ajoutent éventuellement : deuil, abandon, placement, échec conjugaux, déceptions amoureuses, violence conjugale...

Ces éléments doivent indiquer aux professionnels l'importance **de la personnalité de la mère** de l'enfant abusé. Une évaluation psycho-affective et relationnelle de la mère fournira de précieuses indications quant à ses capacités ou non de protéger son enfant. De plus, il importe de savoir à quel point la mère est capable de collaborer au processus thérapeutique de l'enfant abusé et, ceci est fonction de la distance émotionnelle qu'elle peut prendre face à la problématique vécue par son enfant. Il faut ajouter aussi que l'évaluation du fonctionnement psycho-affectif et relationnel de la mère permet d'apporter des éléments quant à la véracité des faits. Les questions de l'allégation mensongère et de la fausse allégation sont directement liées à cette personne proche de l'enfant dont celui-ci adopte si facilement le discours. Ceci est précisé plus loin dans le texte.

Les intervenants expérimentés semblent effectivement se poser de timides questions par rapport à l'implication de la mère, les autres, moins en contact avec les situations, ne peuvent peut-être pas imaginer qu'elle puisse laisser faire «l'inimaginable». Les catégories institutionnelles ayant à gérer un grand nombre de cas s'engagent d'ailleurs très souvent dans une meilleure compréhension du système familial, incluant la mère. Cependant, notre recherche ne permet pas d'affirmer qu'une évaluation précise de la personnalité des membres de la famille soit posée, comme elle peut l'être pour l'enfant.

4.2. Lorsqu'il est question des auteurs d'abus sexuels intra-familiaux

L'enquête auprès des intervenants montre que la moitié des professionnels se préoccupe d'apporter une aide suivie à l'enfant et à sa famille cependant que moins d'un tiers défend cette position par rapport à l'auteur de l'abus. Il ne suffit cependant pas de soigner la famille, bien que cela s'impose, mais l'auteur doit faire l'objet de **soins spécialisés**, en fonction d'un **diagnostic précis** et éclectique établi à son égard par des spécialistes. Le recadrage de la dynamique familiale, lorsque le père ou le beau-père a abusé de l'enfant, et, plus essentiellement, la prévention de la récidive en dépendent.

Les modèles systémiques de la famille incestueuse ne doivent pas donner l'impression de diffuser la responsabilité de l'inceste sur la famille alors que seul l'auteur de l'abus doit être tenu responsable des gestes qu'il a commis. Les raccourcis doivent être évités : ce n'est pas parce que la mère a délégué son rôle à sa fille que le père a abusé d'elle, ce n'est pas à cause de la « parentalisation » d'un enfant qu'il y a inceste.

En Communauté française de Belgique, parmi les catégories institutionnelles rencontrant régulièrement le problème, toutes les équipes SOS-Enfants disent tenir compte de l'importance du diagnostic, du suivi et de la thérapie de l'auteur de l'abus ; cette unanimité n'est pas rencontrée chez les autres. De plus, même si certains professionnels souhaitent qu'un diagnostic, un suivi ou une thérapie soient réalisés pour l'auteur de l'abus, les centres capables d'offrir ce genre de services font cruellement défaut en Belgique. Seules les équipes SOS-Enfants et dans une nettement moindre mesure les Centres de Consultation (Centres de Santé Mentale et Centre de Planning Familial) et l'un ou l'autre Service de Pédiatrie posent ces actes cliniques, en plus du Centre de Recherche-Action et de Consultations en Sexologie Criminologique (CRASC).

Où donc sont pris en charge les auteurs d'abus sexuels intra-familiaux ? Quelle place accorde-t-on chez nous à la prévention de la récidive ? Comment aider — ou soigner un enfant abusé par son père ou son beau-père sans que ce dernier ne soit pris en compte ? Comment, si le père ou le beau-père abuseur n'est pas pris en charge, envisager, pour l'enfant, une autre alternative à moyen ou long terme que le placement ?

4.3. La perception de la collaboration des familles et prise en charge

La prise en charge d'une situation d'abus sexuel est une affaire complexe non seulement parce que la problématique est compliquée et fait appel à un grand nombre de compétences formelles et émotives de la part des intervenants, mais aussi parce que le secret d'abus est souvent dévoilé à l'insu de certains des protagonistes. Il arrive qu'un père qui a abusé de l'un de ses enfants vienne consulter un service de sa propre initiative, avec ou sans la mère de l'enfant, pour demander de l'aide. Cependant, les spécialistes s'entendent pour dire que ces situations sont extrêmement rares. **La contrainte** est la norme dans la prise en charge des familles dans lesquelles un abus sexuel a été commis.

La mère, pour différentes raisons invoquées plus haut, peut avoir des difficultés à collaborer avec les intervenants, même pour la protection de son enfant. L'enfant peut revenir sur ses dires, se rétracter, ne pas participer aux entretiens tant la situation est douloureuse pour lui. Et, bien sûr, l'abuseur peut nier les faits, les avouer puis se rétracter ou ne les avouer qu'après un long moment. Enfin, les familles perçoivent la prise en charge comme étant une intrusion au sein de leur sphère privée et y résistent.

L'enquête par interview auprès des intervenants a permis de mettre en lumière que, pour les professionnels, la collaboration ou la non collaboration de la famille a un impact important sur la qualité de la gestion d'une situation d'abus sexuel, or, au problème même de l'abus correspond le secret, l'isolement de la famille et la résistance aux intrusions extérieures.

Un quart de l'ensemble des intervenants estiment que la **collaboration du père abuseur** peut aider la prise en charge ou, au contraire, y mettre « des bâtons dans les roues ». Les professionnels plus spécialisés sont nettement plus nombreux à considérer l'influence bénéfique de la collaboration du père. Il semble que, pour les intervenants, la collaboration du père doive prendre au minimum la forme d'une participation aux entretiens. Il est possible que les personnes plus habituées à traiter le problème évoquent plutôt la reconnaissance des faits par le père, attitude très bénéfique pour l'enfant et pour l'intervenant qui ne vit plus avec une incertitude. D'ailleurs, les équipes SOS-Enfants considèrent que le déni des faits par l'auteur de l'abus est un facteur de gravité.

Plus d'un tiers des intervenants estiment que **la mère de l'enfant** influence la bonne ou mauvaise gestion d'une situation et, à nouveau, les intervenants ayant une plus grande expérience sont plus nombreux à prendre position. Il est intéressant de constater que pratiquement toutes les équipes SOS-Enfants attribuent à la mère un rôle déterminant dans la gestion inadéquate d'un cas et dans la définition de la gravité de l'abus. Il semble donc que ces équipes soient très dépendantes de sa collaboration pour la prise en charge de l'abus sexuel. Sachant le rôle déterminant que la mère peut avoir tant dans l'installation de l'abus qu'au moment du dévoilement et du traitement, il peut paraître risqué pour la qualité de l'aide qui pourrait être apportée à l'enfant et à sa famille, de se reposer ainsi sur la mère.

4.4. Le caractère transgénérationnel des abus

Dans le jeu des représentations et des opinions portées par les intervenants et touchant les dynamiques familiales marquées par l'abus sexuel, une question centrale s'impose à la lecture des données : celle de l'identification et de la gestion du caractère transgénérationnel des abus.

Les résultats de notre enquête montrent clairement que le travail des intervenants porte sur une large majorité de situations d'abus intra-familiaux. Soixante-dix pour cent des personnes interviewées constatent une prédominance de l'intra-familial contre seulement 5 % d'intervenants confrontés à une prédominance de l'extra-familial. La plupart des recherches menées jusqu'ici sur les abus intra-familiaux ont souligné leur caractère transgénérationnel. Une majorité (plus ou moins large selon les auteurs) d'auteurs d'abus auraient été eux-mêmes abusés dans leur enfance. Ces mêmes constations ont été faites en ce qui concerne les mères d'enfants abusés sexuellement.

Dans l'esprit et les pratiques des intervenants que nous avons rencontrés, la prise en compte de cette dimension du **fonctionnement familial** apparaît comme très relative. En particulier la représentation de l'abuseur ne prépare pas à une analyse nuancée de son histoire et de son vécu. Nous l'avons vu, à l'exception du troisième groupe d'intervenants qui aborde l'abuseur dans une dynamique protectrice, la grande majorité des professionnels nous renvoient une image « monstrueuse » de l'abuseur. Certains laissent libre cours à l'expression de ce rejet, d'autres essayent de maîtriser leurs émotions. Il n'empêche que 11 % des personnes interviewées expriment, à son égard, de la pitié ou de la compassion, 66 % ressentent du dégoût et du rejet et 23 % des sentiments mitigés.

Nous l'avons dit, une des caractéristiques des représentations est leur caractère systématiquement évaluatif. Nous ne portons pas une représentation du « père » mais du « bon père », dans le cadre de nos enquêtes nous découvrons plutôt un « **père monstrueux** ».

A l'inverse, 88 % des intervenants rencontrés expriment de la pitié envers l'enfant abusé et 3,5 % ressentent des sentiments négatifs à son égard pour 9 % de sentiments mitigés. La représentation de « **l'enfant victime innocente** » s'impose donc encore plus nettement.

La prise en compte des leçons dégagées par les chercheurs pose donc problème. Si l'on veut prendre au sérieux la dynamique transgénérationnelle qui conduit, selon les chercheurs, à une reproduction fréquente des comportements abusifs par des victimes devenues adultes, on se trouve confronté à un **télescopage des représentations**. Le « monstre » serait une ancienne « victime », la « victime » serait menacée de devenir un « monstre ». Ces représentations et leurs composantes en termes d'émotions sont, à l'évidence, difficilement intégrables. Nous rencontrons ici sans doute, en termes de représentations et d'émotions, une difficulté importante à gérer en priorité.

Au-delà de ces constatations, l'identification claire du risque de reproduction transgénérationnelle de l'abus est très relative, seuls 18 % des intervenants rencontrés la mentionnent. Dans le même sens nous constatons l'**absence d'une véritable gestion du long terme** tant dans les interventions individuelles centrées sur l'enfant ou l'auteur de l'abus que dans le travail avec les familles. Les charges émotionnelles intenses relevées ci-dessus où les mécanismes de défense qui s'y rapportent s'accommodent logiquement davantage d'un travail « en crise » que d'une intervention plus globale et plus complète qui viserait la modification du système abusif englobant abuseur et abusé et qui tend lui-même à se reconstruire.

5. MÉCANISMES DE DÉFENSE ET ACTIONS

5.1. Suspicion et incertitude

Dans les dossiers d'intervention, il apparaît que l'incertitude quant à la véracité d'un abus sexuel peut être liée au manque d'informations au sujet de la victime. L'investigation peut ne pas avoir été approfondie pour différentes raisons. Il se peut que l'un des protagonistes impliqués refuse de participer aux entretiens d'évaluation. Il arrive aussi que les investigations des professionnels soient rendues hasardeuses parce que l'abus s'inscrit dans un contexte de maltraitance qui rend difficile l'élucidation et la compréhension de faits d'ordre sexuel. Dans ces situations, même si l'enfant parle, le **manque de données objectives**, la place occupée par le **secret** et l'**interférence d'autres symptômes de maltraitance** ne permettent pas de dépasser le stade de la présomption ou de la suspicion d'abus. L'intervenant peut donc avoir de fortes présomptions mais ne pas détenir les éléments nécessaires pour se prononcer sur la réalité de l'abus.

Tenter de débusquer un abus sexuel à partir de soupçons peut être **lourd de conséquences** pour l'enfant. Effectivement, le risque est grand de réduire l'enfant à ses organes sexuels. De plus, il est extrêmement complexe de départager, parmi les symptômes, ce qui appartient à l'abus sexuel de ce qui est dû à d'autres formes d'abus liées au cadre psycho-affectif et culturel de la famille de l'enfant. Enfin, l'intervenant qui «cherche» l'abus risque bien de le trouver même s'il n'existe pas, sa problématique personnelle et les exigences de son métier l'influençant grandement.

Les soupçons et les incertitudes sont des réalités avec lesquelles les intervenants doivent vivre au risque d'intervenir de manière abusive et de provoquer eux-mêmes un traumatisme chez les différents membres de la famille. Il n'est pas toujours possible d'affirmer cliniquement si un abus a eu lieu ou non et encore moins d'en établir les «preuves» juridiques même si «l'intime conviction» clinique existe. Une allégation d'abus sexuel peut engendrer des troubles chez l'enfant et ces troubles pourraient évoquer la possibilité de l'existence d'un abus sexuel même si celui-ci n'a pas pris place. Il importe donc de ne pas confondre les signes cliniques liés à un véritable problème d'abus sexuel et ceux induits par un discours d'allégation. L'enfant peut être sous l'emprise du discours maternel et la question de la crédibilité de l'enfant se pose.

La présence d'**enjeux familiaux** peut parasiter l'investigation quant à la réalité de l'abus. Les questions relatives aux **fausses allégations** ont été développées par H. Van Gijseghem (1991). Un contexte d'inquiétude peut exister et prédisposer le parent au développement de certitudes. La détermination des intervenants à éclaircir les cas, parce que tel est leur mandat ou parce qu'ils ne peuvent supporter l'incertitude ou parce qu'ils se projettent dans la situation, cette détermination, peut renforcer la dynamique des fausses allégations. Ainsi, la mère peut se trouver confortée dans l'idée que l'abus a existé et l'enfant finira par ne plus être capable de différencier la réalité de ses fantasmes ou de ceux de son entourage. Il importe donc de ne pas négliger une **dimension intrinsèque à l'intervenant**. Les gestes et avis posés le sont en regard avec ses propres représentations sociales variant en fonction d'un grand nombre de données individuelles, de son milieu d'appartenance professionnel et institutionnel. Ainsi, par exemple, une même situation peut être évaluée de manière antagoniste par des professionnels différents. Cette contradiction est mise en évidence par H. Van Gijseghem (1991).

Le phénomène de suspicion pourrait être envisagé sous un autre angle : celui du **doute en tant que mécanisme de défense**. En ce sens, le problème de l'incertitude ne se résume pas à une question de manque de moyens pour établir la vérité, au sens clinique ou juridique, mais «*au cœur de la relation qui s'instaure entre l'intervenant et la famille*» (Hadjiski, 1993, p. 15). Le doute est alors défini comme un état mental qui amène la remise en question d'une certitude pourtant déjà établie concernant des faits. Le doute résulte d'un processus inconscient visant à réduire l'angoisse provoquée par des sentiments intolérables. Les auteurs du livre *Du cri au silence* détaillent les mécanismes qui peuvent pousser les intervenants à ne pas voir des signes de maltraitance physique grave pourtant évidents. Le doute et le déni sont les résultantes d'attitudes contre-transférantielles comparables au syndrome d'adaptation de l'enfant victime d'abus sexuel. Face à un enfant abusé sexuellement, l'intervenant pourrait ne pas dépasser le doute car cet enfant l'induit par cette impression de faux à laquelle il nous confronte, résultant de son mode d'adaptation psychique à une situation extrême, appelée «syndrome d'accommodation».

Les **mécanismes de banalisation** des intervenants peuvent aussi être à l'origine de leur difficulté à passer de l'incertitude de l'abus à la probabilité de l'abus. La banalisation ou la dédramatisation est un mécanisme de défense contre l'angoisse suscitée par le signalement d'abus sexuel. Ainsi, l'intervenant ne se contentera que de faits objectivables, il clamera que sa responsabilité est strictement liée à sa fonction et videra la problématique de tout contenu affectif (Hadjiski, 1993, p. 121-126).

5.2. Réparation et prise en charge abusive

La plupart des intervenants sont conscients des conséquences traumatiques de l'abus sexuel mais se doutent-ils que leurs interventions peuvent être dommageables? Ils peuvent éprouver un besoin de réparer le mal en programmant une prise en charge, en organisant aide et thérapie au risque de faire vivre à l'enfant de nouvelles intrusions et d'oublier les particularités de chaque situation. La réparation de l'abus doit consister avant tout en une **cessation de l'intrusion**, de quelque ordre qu'elle soit. Sinon, la prise en charge devient également abusive et l'enfant ne pourra recouvrer intimité et identité.

A Repentigny, près de Montréal au Québec, une poignée de professionnels du Centre de Protection de l'Enfance et de la Jeunesse de Lanaudière ont mis sur pied un mouvement annexe : Parents-Unis. Cette organisation propose, aux familles dans lesquelles un abus sexuel s'est produit, une prise en charge thérapeutique en groupe pour les enfants victimes, les mères et les auteurs d'abus. Le programme est très structuré, en différentes phases, comprenant un certains nombre de rencontres chacune. A ces thérapies de groupes s'ajoutent les thérapies individuelles pour l'enfant et pour l'auteur de l'abus. Si cette organisation a le mérite d'exister, de proposer une formule inspirée des groupes d'entraide et de considérer la place tant de l'enfant abusé que de sa mère et de l'auteur de l'abus dans le traitement, elle laisse apparaître de nombreux écueils. En particulier, il n'est pas sûr que les groupes thérapeutiques pour enfants soient sans risque pour ceux-ci.

H. Van Gijseghem et L. Gauthier (1992) ont écrit plusieurs textes à ce sujet et évoquent l'idée d'**acharnement thérapeutique**. L'enfant victime d'abus sexuel qui entre dans un groupe thérapeutique pour cette seule raison «reçoit le sceau d'enfant abusé».

Il importe de ne pas faire de l'inceste «le» symptôme à traiter au risque d'occulter le vécu intrapsychique de chaque enfant. Pour ces auteurs, nombre d'intervenants ne considèrent les sentiments de culpabilité de l'enfant face à l'abus que comme étant malsains, alors que sans ce sentiment, associé à une certaine conscience d'avoir une prise sur son destin, l'enfant serait complètement annihilé. La question se pose d'ailleurs de savoir si les professionnels n'utilisent pas, inconsciemment, l'enfant pour exorciser leurs sentiments d'horreur et de culpabilité à eux. L'abus n'est pas vécu par tous les enfants comme la même catastrophe et il importe que le traitement n'aggrave pas la perception par l'enfant des événements! Enfin, il n'est pas sûr que parler du traumatisme aide l'enfant à s'en défaire. L'enfant, pour guérir, doit rétablir les frontières de son corps. Or, ce processus est souvent handicapé par certaines thérapies directives mais aussi par les enquêtes et interventions sociales et judiciaires au cours desquelles **l'enfant est mis à nu réduit à sa sexualité, dépossédé de toute intimité**.

Ainsi, la prise en charge des victimes d'abus sexuel doit être prudente et répondre aux **besoins psychiques actuels** de chaque enfant. Un programme de thérapie proposé systématiquement à tous les enfants victimes est dangereux pour leur évolution en ce qu'il peut favoriser une victimisation secondaire, la première étant liée au dévoilement. Ceci ne nie pas la nécessité d'un accompagnement au moment du signalement.

Aux enfants qui ont besoin d'une aide thérapeutique pour soulager leur souffrance, la possibilité de restaurer une intimité relationnelle doit être offerte. Il importe aussi que les parents soient aidés car ils pourront faciliter le processus de guérison de l'enfant.

L'intervenant peut aussi être tenté d'intervenir dans **l'urgence** suite à un dévoilement d'abus sexuel. L'urgence peut être synonyme de **précipitation** si la crise n'est pas gérée en connaissant l'ensemble des données de la situation de l'enfant. A l'enquête, un motif d'urgence régulièrement évoqué est la certitude des faits. Un autre motif largement évoqué est la souffrance de l'enfant telle que perçue par l'intervenant ou la demande d'aide explicite de celui-ci. La menace de récidive est également une raison d'intervenir dans l'urgence assez souvent nommée. Cependant, nous savons combien la certitude, la perception du vécu de l'enfant reposent sur des facteurs de personnalité de l'intervenant lui-même que l'on ne maîtrise d'ailleurs pas.

5.3. Simplification et difficultés de collaboration

Une des attitudes défensives des intervenants par rapport à l'abus sexuel est la simplification des interactions en jeu. Pour échapper à la **complexité** des situations, les intervenants prennent rarement en compte le système familial global. Ils ont tendance à le **morceler**. L'enquête auprès des intervenants permet de constater que ceux d'entre eux qui sont les plus en contact avec la problématique de l'abus sexuel mènent probablement une action plus intégrée face à la famille en ce qu'ils prennent en considération l'enfant abusé, sa famille et, en partie, l'auteur de l'abus. Cependant, rien ne nous permet de préjuger du fait que le vécu familial lui-même n'est pas découpé en différents problèmes, dont celui de l'abus sexuel.

Il semble que l'entreprise d'aide aux familles ayant vécu l'inceste soit compromise sans une prise en compte globale du système familial. Cependant, notre **système d'intervention est lui aussi morcelé** — peut-être par désir de **simplification** — et cela compromet une appréhension unifiée de la famille, à moins que **la collaboration et la coopération entre intervenants** soient réellement opérationnelles. Ceci sera discuté au chapitre suivant. Les professionnels interrogés mettent eux-mêmes en évidence la nécessité de voir le problème familial dans son ensemble. Certains insistent sur l'importance d'un modèle systémique de compréhension de la famille, d'autres mettent plutôt en évidence la nécessaire complémentarité entre plusieurs approches ayant chacune gardé leur spécificité. Cependant, rivalités entre institutions, conflits, difficultés de collaboration qui émaillent les interviews peuvent traduire un vécu des intervenants, reflet de ce que les familles vivent elles-mêmes. Non-respect et disqualifications font partie du vécu des familles mais aussi de celui des intervenants confrontés à cette problématique difficile pour laquelle « la » bonne solution n'existe pas mais est attendue par tous.

A cela s'ajoute que le stress provoqué par le problème lui-même renforce la tendance des intervenants à se raccrocher à leur logique de fonctionnement, à leurs règles institutionnelles. Papazian (1992) l'exprime clairement : «*Paralysés par l'angoisse que soulèvent les vents de la violence et par l'absence de solution efficace, les divers intervenants cherchent abri en des idées tranchées et partisanes».* Nous avons pu constater à quel point les intervenants mettent de l'énergie à évoquer les collaborations difficiles et à mettre en question les co-intervenants. N'est-ce pas là une tentative d'**aplanir les incertitudes angoissantes** en se référant à une **conceptualisation** de l'intervention dont le bien fondé n'est pas prouvé ?

A l'indispensable formation individuelle, théorique et relationnelle-affective doit donc s'ajouter une confrontation permanente avec les autres intervenants ayant des logiques d'intervention différentes afin d'en cerner les complémentarités. Ce besoin est particulièrement évident en ce qui concerne les relations entre les Equipes SOS-Enfants, les Services d'Aide à la Jeunesse et les institutions judiciaires.

6. UNE DYNAMIQUE CULTURELLE

Nous venons donc de présenter essentiellement une série d'informations recueillies sur les représentations des systèmes familiaux abusifs et de leurs dynamiques internes. Cette approche appelle naturellement une lecture conjointe des dynamiques culturelles plus englobantes dans lesquelles se trouvent pris, à la fois, les familles et les intervenants. Nous pouvons ainsi, toujours à partir des dires de ces derniers, dégager quelques points de repère touchant une **évolution actuelle** très significative de nos **références culturelles** sur ces questions.

Globalement la plupart des recherches s'accordent pour refuser de tracer des limites sociales à l'abus sexuel. Toutes les catégories et tous les groupes sociaux semblent le rencontrer. Une évaluation de l'importance relative de l'abus dans différentes catégories sociales classiques ne paraît pas réalisable.

Nous nous limiterons ici à dégager quelques hypothèses. Nous visons surtout à identifier quelques lignes de force générales de cette évolution culturelle globale, évolution impressionnante tout d'abord par sa rapidité.

L'explosion de nombre d'abus pris en considération par l'opinion publique et les professionnels, représente un premier phénomène impressionnant. S'agit-il d'une multiplication du nombre d'abus réels ? Aucune étude vraiment significative ne confirme cette hypothèse, pour nos sociétés européennes en particulier. Les résultats de nos enquêtes nous pousseraient plutôt vers une autre hypothèse, celle d'un **nouveau regard** posé sur les abus sexuels par nos sociétés.

Ce nouveau regard n'est pas également partagé chez les professionnels. Nous constatons, à travers nos enquêtes, une évolution à vitesse variable. Certains intervenants ont porté une attention nouvelle et toute particulière aux situations d'abus sur des enfants, repérables à partir de leur pratique. Ces intervenants, repartis dans toutes les catégories socioprofessionnelles et institutionnelles, ont vu, le plus souvent, exploser le nombre de situations repérées et traitées. D'autres, travaillant en parallèle dans les mêmes secteurs, continuent de ne rien voir, comme c'était le cas dans un passé encore récent dans la plupart des secteurs.

Nous pensons donc pouvoir proposer l'hypothèse suivante : les intervenants professionnels, comme le grand public, **osent**, de plus en plus nombreux, reconnaître et mettre au grand jour les situations d'abus sexuels vécues par des enfants.

Ce mouvement progressif et irrégulier n'en est pas moins globalement significatif. Il s'agit d'une évolution collective indiscutable de nos références et de nos pratiques d'interventions sociales en particulier. Chez les professionnels, cette évolution se marque clairement et semble se concrétiser notamment à travers les **formations** de plus en plus régulièrement proposées et suivies qui développent diverses approches techniques de la problématique.

Selon nos chiffres, plus de 49 % des intervenants n'ayant suivi aucune formation spécifique n'ont jamais rencontré de cas d'abus alors que plus de 91 % de ceux qui ont suivi une de ces formations ont rencontré de nombreux ou de très nombreux cas (de six à plus de vingt cas en 1992). On peut, bien sûr, se demander si cette constatation ne doit pas être inversée et si les intervenants qui ont rencontré des situations d'abus sexuels d'enfants ne se sont pas ensuite, et pour cette raison, décidés à suivre ces formations. Cependant la distribution des professionnels qui ne rencontrent pas d'abus est assez régulière aussi bien géographiquement qu'au niveau des différents types d'institutions. Dans une même région, des intervenants rencontrent beaucoup d'abus et d'autres non, et cela dans toutes les catégories institutionnelles. C'est donc bien un **dépistage** plus ou moins efficace des cas d'abus que nous avons pu observer au fil des interviews.

Ce regard nouveau sur les familles ayant vécu l'inceste est manifestement aussi relayé progressivement par les **médias**. La médiatisation de situations d'abus sexuels pose, bien sûr, beaucoup d'autres questions, mais elle est un élément moteur essentiel dans l'évolution de nos références culturelles.

En ce qui concerne l'abus lui-même, le **tabou** fondamental reste clairement posé. Sa transgression entraîne, avant toute chose, une **exclusion sociale et relationnelle** impressionnante de l'abuseur : 78 % des professionnels interviewés refusent même de se poser la question des conséquences de l'abus pour l'auteur des faits. Cette exclusion éclabousse le plus souvent la famille elle-même dans un second temps.

Comme nous l'avons déjà dit, **l'enfant**, lui, est essentiellement identifié à une **victime** innocente. En atteste la **surprotection** (souvent le placement), pas moins largement ambiguë, dont il est l'objet.

Au niveau des dynamiques sociales et culturelles dont la «Déclaration Universelle des Droits de l'Enfant», cette focalisation sur l'enfance ne traduit-elle pas une véritable «**sacralisation**» de l'enfant avec tout ce que cet excès peut représenter de danger pour l'enfant lui-même ? Dans les faits, une fois le choc du scandale dépassé, seuls 28 % des intervenants réalisent un suivi effectif de l'enfant et, au niveau des conséquences, seuls 17 % songent, à long terme, aux risques de répétition transgénérationnelle.

C'est paradoxalement un recul des points de **repères éthiques** que nous pouvons observer. La violence des condamnations (verbales) des auteurs d'abus sexuels cache mal un relativisme en progression et un flou important dans les réflexions. Seuls 16 % des interviewés intègrent explicitement une dimension éthique dans leur définition libre de l'abus sexuel. Dans le même sens, et bien que notre étude ne nous fournisse pas sur ce point d'informations particulières, il est sans doute important de rappeler les dérapages récents en termes de références sociales et de représentations. Indiscutablement, divers groupes sociaux, dont certains se révèlent très influents, pèsent dans le sens d'une banalisation et d'une limitation de la répression de faits d'exploitation et de domination sexuelle. Ceci nous renvoie aux perspectives développées plus haut. C'est tout particulièrement dans une évolution des représentations sociales de référence que peuvent se jouer ces problèmes.

Il ne s'agit dons pas de ramener la complexité de la problématique aux seules interventions des professionnels en relation avec les familles concernées par l'abus. Nos conclusions rejoignent celles de la plupart des études récentes : nous sommes confrontés à un **problème socio-culturel global** qui doit être rencontré comme tel.

Les intervenants interviewés expriment d'ailleurs le même constat lorsqu'ils souhaitent que l'on privilégie la **prévention** la plus large tant dans les moyens que dans les publics visés.

Enfin, la sacralisation de l'enfance paraît cacher un second écueil, celui d'une «**adultification**», d'une **sur-responsabilisation de l'enfant** que l'on retrouve, en particulier, dans la dynamique actuelle de la prévention. Beaucoup de politiques et d'outils de prévention nous paraissent pécher en ce sens. Les plus utilisés, vidéos, ou pièces de théâtre, visent les enfants de l'enseignement maternel et primaire. Nous ne voulons pas en contester la qualité et l'utilité, mais nous étonner du fait qu'ils soient souvent les seuls à être mis en œuvre.

On informe l'enfant en priorité et l'on reporte de la même manière sur ses épaules le poids du refus et, souvent même, de la dénonciation des faits. Ce qui ne devrait être qu'une part du processus de gestion sociale des situations d'abus sexuels en constitue souvent l'essentiel. Derrière une volonté affichée de protection nous croyons pouvoir reconnaître **une absence de reconnaissance réelle de l'enfance** dans de nombreuses interventions pourtant bien intentionnées.

Cette remarque nous paraît d'autant plus importante qu'une des principales difficultés vécues des enfants abusés est celle de la **culpabilisation**.

Impliqués bien plus souvent et plus profondément qu'on ne le supposerait dans une relation forte avec l'abuseur, confrontés aux réactions, fréquemment violentes et critiques, de l'environnement familial après la dénonciation des faits, les enfants prennent sur eux l'essentiel du problème. Et ce, à l'inverse des abuseurs, qui généralement se disculpent très aisément. La déculpabilisation de l'enfant est donc régulièrement une des tâches essentielles que ne prépare guère la sur-responsabilisation que nous soulignons ici.

7. POUR UNE DYNAMIQUE SOCIALE ET ÉCOLOGIQUE

Les différents points de repères que nous venons de résumer nous renvoient tous à la nécessité d'une **gestion globale** plus claire de toutes les implications des interventions touchant les familles dans lesquelles un abus sexuel a été commis. Or, c'est bien au niveau de cette **gestion sociale** que nous pouvons relever une série d'autres difficultés.

Une série de limites dans les relations entre familles et intervenants peut être pointée à travers les différents circuits d'intervention sociale et cela transversalement qu'il s'agisse des circuits judiciaires, sociaux, socio-psychologiques, médicaux, éducatifs, scolaires...

Il est intéressant d'épingler d'abord que les intervenants se réservent le plus souvent le monopole de la **compétence** et en excluent les familles. Cette non reconnaissance, souvent radicale, de la compétence des familles se traduit en particulier par une prise en compte limitée de la parole de la famille et de chacun de ses membres. Evoquer la question de la compétence peut même sembler surprenant pour de nombreux intervenants enfermés dans des représentations sociales négatives et dans des émotions insoutenables, telles que nous les avons résumées plus haut. Pourtant, si l'on se situe dans la perspective de l'avenir de ces familles et de leurs membres, peut-on s'appuyer sur autre chose que sur leurs propres capacités à développer des compétences dans la gestion de leur propre vie ?

La sur-focalisation sur les qualifications classiques, essentiellement professionnelles et souvent académiques, des intervenants ne favorise pas ce travail. Ce sont pourtant bien les familles, les enfants, les frères et sœurs, les mères et les pères qui doivent retrouver la capacité d'être acteur de leur propre vie sociale et relationnelle.

Une seconde faille dans la relation famille-intervenants, souvent identifiée par ailleurs, réside dans la dynamique même de notre **système de protection sociale**. Dans le droit fil de la non reconnaissance de leurs compétences, de nombreuses familles **assistées** ou **surassistées** s'identifient à cette image que leur impose les intervenants sociaux. La surprotection entraîne, par adaptation au système, une déresponsabilisation. La rupture avec les contraintes, limites et autres points de repères sociaux classiques s'accentue en une déstructuration de plus en plus marquée des familles et des personnalités. Dans ce cas, l'abus sexuel n'est qu'un phénomène parmi d'autres dans des **familles à problèmes multiples**.

La plupart des recherches ont souligné la **dynamique de domination** sous-tendant généralement l'abus sexuel. Cette domination pourrait se développer dans de nombreux systèmes familiaux en compensation des échecs et des impuissances multiples expérimentés tant par l'abuseur que par la mère dans leur vie familiale et leur expérience sociale.

Enfin, l'exclusion et la marginalisation, même si elle ne sont pas le fait de toutes les familles en question, viennent se greffer sur un rétrécissement et un **isolement** de plus en plus grand des systèmes familiaux. Dans toutes les catégories sociales, une constante véhiculée par les familles ayant vécu l'abus sexuel semble être cette dynamique de repli, d'isolement, d'enfermement dans le secret et le silence.

Ces dernières réflexions nous mènent à proposer, comme piste de travail pour une prévention, un effort de réinscription sociale plus effective des familles. Nous nous plaçons ainsi dans la perspective d'un **travail écologique en réseau**, un modèle d'action «communautaire». Ce type d'action sociale intégrée vise à coordonner explicitement les interactions sociales les plus riches et les plus variées en un recadrage social des familles, des enfants abusés, de leurs mères et des auteurs d'abus.

Nos enquêtes nous apprennent que la dynamique la plus positive et la plus accessible aux intervenants semble être celle d'une **coopération et d'une collaboration** élargie entre eux. Nous avons pu identifier chez un très grand nombre de professionnels une véritable motivation à participer à tout ce qui pourrait se développer dans ce sens.

Un modèle ouvert de rencontre et de travail de coopération reste cependant à construire. Celui-ci devrait viser essentiellement à l'exploitation positive des possibilités de chacun en une convergence multidisciplinaire. Cette diversité des approches ne pourra cependant être cultivée que si chaque professionnel est capable d'envisager sereinement ses réactions provoquées par la rencontre même de situations d'abus, appelée par certains «**contre-transfert**».

De manière plus précise, le travail de collaboration entre professionnels ne sera véritablement harmonieux que dans le respect du vécu de chacun face à cette problématique provoquant tant d'**émotions** qu'elle mobilise une panoplie de mécanismes de défense dont certains, par exemple, empêchent de voir le problème ou forcent le professionnel à se réfugier derrière un protocole d'intervention. Il importe donc que l'intervenant confronté à un enfant abusé, à sa mère, sa famille ou à l'auteur de l'abus puisse faire la démarche de comprendre ce qui surgit en lui afin de prendre distance. Le plus souvent, une aide est nécessaire pour ce faire. Elle peut prendre la forme de supervisions, d'intervisions, de réunions d'équipe ou de réunions de petits groupes de professionnels. Les démarches, d'ailleurs estimées utiles par un grand nombre d'intervenants interviewés, devrait être accessibles à tous, quels que soient leurs formations ou leurs cadres institutionnels.

Ainsi, en évitant le piège de la concurrence ou celui d'accorder une place prépondérante à une institution ou à une logique d'intervention, un véritable **travail écologique en réseau** peut être développé, où la **complémentarité** des logiques institutionnelles prendrait tout son sens.

Chapitre 3
Le système d'intervention
Logiques d'action et interactions

Nathalie BURNAY
Joëlle MEYER
Françoise BERNARD

Si, au détour des chapitres précédents, nous avons discerné les phases de dévoilement et de signalement, cerné le vécu des intervenants et les difficultés rencontrées dans leurs relations avec l'enfant, la famille, l'abuseur c'est-à-dire avec ce que nous avons intitulé « le système familial », nous tenterons d'étudier ici le système d'intervention (les acteurs sociaux, les logiques d'action, les réseaux d'interaction) tout en ayant cependant à l'esprit, en toile de fond, que ces deux systèmes sont en perpétuelle interaction dans la problématique des abus sexuels.

Comme cela a été explicité au chapitre 1, au moment du signalement et par ce dernier, l'abus sexuel prend un caractère public, il dépasse alors en quelque sorte le cadre familial pour être projeté dans le monde extérieur au détour de l'intervention. Vu les logiques de diversité et de potentialité qui ont guidé le choix des intervenants interrogés, nous avons été amenées, dans notre recherche et dans l'exposé de ce chapitre, à adopter une définition large du concept d'intervention, nous permettant d'englober l'ensemble des actions, pratiques et des comportements à la fois individuels et institutionnels des divers intervenants et structures impliqués.

Trois niveaux peuvent être distingués dans l'analyse, complémentaires et souvent imbriqués les uns dans les autres, pour finalement ne former qu'un cadre complexe, celui de l'intervention en matière d'abus sexuel.

Un premier niveau concerne les relations entre les institutions : celles-ci possèdent une mission sociale spécifique qui n'autorise que certains types d'intervention. Cette mission agit comme un cadre limitatif dans les actions possibles. Le signalement et la collaboration viennent alors se greffer sur ce cadre en remplaçant l'action limitée par des échanges favorisés. Nous verrons ultérieurement comment fonctionnent ces inter-relations.

Le deuxième niveau pose la question des relations au sein même des équipes de travail, dans la répartition des tâches, dans le fonctionnement interne, dans la prise de décision et dans les lignes directrices de l'intervention. Certaines institutions possédant jusqu'à un protocole d'intervention en matière d'abus sexuel.

Le troisième niveau rencontre l'individu, dans sa singularité et dans son autonomie d'action. En effet, aucun individu n'est totalement enfermé dans des consignes institutionnelles et sa responsabilité dans l'action est également une donnée importante de l'intervention. Il ne faudrait pas oublier que l'intervenant est avant tout un individu, avec ses compétences et son expérience, certes, mais également avec ses sentiments et ses doutes. Nous savons également combien les émotions qui animent le professionnel vont influer sur l'intervention en matière d'abus sexuel.

Ces trois niveaux complexes se combinent faisant de chaque situation, déjà unique sur le plan du système familial, l'objet d'une intervention singulière.

L'approche de la relation entre professionnels dans le système d'intervention nous amènera à nous interroger sur le concept même d'action : qu'est-ce que l'action ? Quelles sont les logiques qui la sous-tendent ? L'intervention se situe-t-elle dans une perspective de court ou de long terme ?

Nous envisagerons ensuite l'aspect de la collaboration entre intervenants tant au niveau intra-institutionnel (l'intervenant dans son institution, dans son équipe, avec ses proches collègues) qu'au niveau inter-institutionnel, ce qui nous amènera à parler des réseaux de coordination mis en place en matière d'abus sexuel, d'en cerner les apports, les limites et les difficultés rencontrées.

Nous essayerons, pour terminer, d'émettre quelques considérations et suggestions générales pour tenter de pallier aux difficultés rencontrées par les intervenants en cette matière et notamment ce que cela implique en termes de formation.

1. INTERVENTION, ACTIONS ET LOGIQUES D'ACTION

Les termes d'action et de logique d'action recouvrent des réalités différentes tout à la fois concrètes et théoriques. Dans notre étude, l'action est synonyme d'intervention. Il s'agit de l'ensemble des comportements accomplis par les intervenants dans le cadre de leur travail, soit, toute démarche concernant l'accompagnement de l'enfant et de sa famille. Ce terme générique recouvre tout aussi bien une intervention ponctuelle qu'un suivi à long terme, le transfert d'un cas vers une autre structure ou l'adoption d'une mesure de placement que la mise en œuvre d'un travail de prise en charge psycho-relationnelle.

Précisons, par ailleurs, que l'action s'enracine dans un vécu singulier, dans une trajectoire et une histoire personnelles. L'intervenant va donc orienter son action vers ce qui lui apparaît comme «légitime», «normal», «bon». Les logiques d'action adoptées par les intervenants sont colorées par leurs manières de penser, leurs niveaux de connaissance, leurs représentations et valeurs sociales. Elles renvoient à des choix, à des positions et des dispositions à la fois institutionnels et personnels (ordre de priorités, références théoriques, incertitudes liées à la réalité du terrain). Ces logiques d'action assurant cohérence et continuité à l'interaction se situent au cœur d'un débat éthique et déontologique tel que cela a été exposé antérieurement.

Quatre thèmes se sont révélés centraux au cours de notre analyse : l'urgence de l'action et la gravité de l'abus sexuel, la durée de l'intervention, le contexte institutionnel et ses limites, l'intervention judiciaire.

1.1. L'urgence de l'intervention et la gravité de l'abus sexuel

La gravité d'un abus sexuel acquiert une signification particulière en fonction de l'intervenant. Si aucune définition de la gravité de l'abus commis sur de jeunes enfants n'émerge véritablement, il existe quand même des similitudes dans les éléments abordés, et des rapprochements peuvent être établis entre eux, sans réduire de manière trop importante la réalité évoquée.

En effet, deux orientations fondamentales se dégagent des propos des professionnels : une gravité basée sur des données relationnelles ou une gravité centrée sur des données plus personnelles.

De manière générale, pour les différents intervenants, l'abus sexuel peut être considéré comme grave si l'abuseur est un parent de l'enfant, ou s'il occupe une position d'autorité sur l'abusé. Nous voyons combien l'abus sexuel intra-familial est davantage envisagé chez les intervenants, comme si l'abus sexuel extra-familial ne pouvait apparaître que comme un acte rare et isolé.

De même, si l'enfant présente des séquelles, troubles ou symptômes divers (énurésie, encoprésie, boulimie, anorexie, retard scolaire, prise de drogues, trouble du sommeil, instabilité affective, confusion d'identité sexuelle, masturbation excessive...), les intervenants pensent alors que l'abus sexuel perpétré est traumatique, et donc grave.

Le jeune âge de l'enfant ainsi que le type d'acte perpétré (pénétration anale ou vaginale) sont également des facteurs de gravité largement évoqués.

D'autres critères, moins fréquemment cités par les professionnels, viennent encore nuancer et complexifier la notion de gravité de l'abus sexuel. Citons à titre d'exemples, la violence de l'acte, la répétition des faits, la complicité ou la non protection du parent non abuseur, le déni de la famille, la vulnérabilité de l'enfant (fragilité psychologique, handicap...).

Dans la même perspective, l'urgence de l'intervention ne fait pas l'unanimité chez les professionnels : la rapidité de l'acte d'intervention dépend de nombreux facteurs qui rendent, en fin de compte, chaque cas unique et donc non-généralisable. Seule la présence de certains indices vont décider l'intervenant à agir, sans qu'aucune relation de pure causalité n'entre en ligne de compte.

L'urgence de l'intervention soulève principalement la question de la certitude de la présence de l'abus sexuel. En effet, pour une majorité d'intervenants, l'urgence ne peut être envisagée en situation de doute. La certitude repose sur le constat de scènes abusives et sur le fait d'en être des témoins privilégiés. Des plaintes, révélations ou aveux peuvent également, selon le degré de conviction ou d'authenticité dont fait part le plaignant, générer chez l'intervenant la conviction profonde que l'enfant est en danger.

D'autres motifs conduisent également l'intervenant à réagir rapidement : la réaction de l'enfant (repli sur soi, troubles d'humeur, masturbation excessive, tristesse, agressivité...), le risque de récidive dû à la proximité de l'abuseur, la demande d'aide exprimée par l'enfant ou un autre membre de sa famille, la répétition des faits et leur durée, la banalisation de l'acte sexuel... L'urgence de l'intervention est donc souvent associée à la gravité de l'abus subi : nous retrouvons une similitude entre les deux séries d'événements précipitants.

Par ailleurs, nous pouvons penser que pour les intervenants ne pas intervenir d'urgence est étroitement assimilé au fait de ne rien faire. Or, selon Crivillé, le temps n'est pas la seule donnée à considérer. Il pense, en effet, que les professionnels oublient, peut-être un peu trop souvent, qu'être là avec l'enfant, est déjà essentiel. Le professionnel est donc sans cesse pris entre son désir d'aider l'enfant et le fait d'éviter à celui-ci les effets pervers de son intervention (Crivillé, 1994).

L'urgence de l'acte nous amène également à la question de la durée de l'intervention : «faut-il agir?», «comment agir?» et «que faire?» sont autant d'interrogations qui émergent chez l'intervenant non seulement dans des situations d'urgence, mais également dans une certaine continuité de l'intervention.

1.2. La durée de l'intervention

Par la profondeur et la complexité de ses implications, la problématique de l'abus sexuel pose, plus encore que toute autre, la question de la durée de l'intervention. Nous avons donc voulu répercuter directement cette question fondamentale dans nos analyses. En fait, deux axes se sont dessinés dans les logiques d'intervention. L'un et l'autre sont chargés de tout le poids des situations personnelles et familiales rencontrées.

Le premier axe est symbolisé, comme nous l'avons vu précédemment, par l'intervention d'urgence. L'enfant victime, en particulier, par la densité et la charge de ses souffrances, appelle une protection aussi immédiate que possible.

A l'inverse, le souci de la qualité et de l'efficacité de l'intervention exige que l'on mette en œuvre les moyens nécessaires à un travail approfondi, prudent et rigoureux. Cette solidité d'un travail axé, *in fine*, sur l'évolution des personnes et des familles et l'accompagnement réaliste de cette évolution — nécessairement progressive et lente dans le vécu quotidien — suppose une implication dans la durée. Trop de professionnels semblent négliger encore cette exigence réaliste.

Nous pouvons dès lors nous interroger sur la durée de l'intervention en fonction des catégories institutionnelles contactées.

Pour quelques institutions, l'intervention ne peut être envisagée que dans la double perspective de l'urgence de la crise et du suivi à long terme. Leur position centrale sur la scène de l'intervention peut justifier ce double intérêt. Il s'agit en effet des Equipes spécialisées SOS-Enfants, des Services d'Aide à la Jeunesse et, dans une moindre mesure, des instances judiciaires.

D'autres services sont davantage axés sur le travail de longue haleine, préférant laisser la gestion de la crise à d'autres institutions, plus spécialisées dans le domaine. Ils apparaissent donc souvent en deuxième ligne comme garant d'un traitement plus ancré dans une certaine quotidienneté. Nous y retrouvons les services d'hébergement, les centres de consultation et les services médicaux.

Par contre, les intervenants directement en contact avec l'enfant ou sa famille et peu spécialisés en matière d'abus sexuel sont isolés et leurs actions, rares ou ponctuelles. Il s'agit d'institutions ou de professionnels de première ligne tels que la police, la gendarmerie, les écoles, les médecins généralistes, les centres d'accueil et d'animation et les travailleurs médico-sociaux de l'ONE. Cependant, nous pourrions émettre l'hypothèse que leur action consiste à renvoyer les cas rencontrés vers d'autres services. L'implication limitée serait, en quelque sorte, compensée par le renvoi des situations d'abus sexuel vers des instances plus compétentes et surtout plus spécialisées.

Enfin, les centres PMS et IMS inscrivent leur action plus directement dans l'urgence : il s'agit de gérer la crise, puis de renvoyer également vers d'autres structures plus enclines à gérer le problème dans la continuité. Ils désirent toutefois être informés de l'évolution de la situation.

Cette gestion des situations d'abus sexuel doit donc être replacée dans la double perspective du signalement et de la collaboration, puisque la quasi totalité des institutions s'appuie sur la richesse du réseau pour améliorer l'action entreprise. Nous verrons ultérieurement comment les réseaux de collaboration s'organisent autour de pôles mandatés en matière d'abus sexuel.

La durée de l'intervention doit être interprétée à partir du statut des institutions, mais également en fonction des limites institutionnelles que rencontrent certains services dans la gestion des situations. Nous allons voir combien le statut de l'institution peut venir restreindre partiellement le champ de l'intervention.

1.3. Le contexte de l'intervention et ses limites

Toute institution possède un statut particulier qui va définir les actions à accomplir et le contexte possible d'exécution. Les intervenants sont alors limités dans leur action par ce cadre à respecter.

Parfois, les limites inhérentes au statut de l'institution et à la fonction de l'intervention viennent encore renforcer les difficultés de prise en charge de situations d'abus sexuel. En effet, le mandat et le statut de certaines équipes empêchent l'intervenant soit de prendre des initiatives, soit d'assurer la prise en charge sans le consentement de la famille : il ne peut alors que se limiter au signalement et transmettre à d'autres instances mandatées le soin de la prise en charge de la famille. Plus encore, la lenteur et la lourdeur de certaines institutions, parfois proches d'un fonctionnement bureaucratique, sont un véritable frein dans l'efficacité de la prise en charge.

Les difficultés s'accroissent encore lorsque le cadre de l'action ou la fonction est floue et laisse donc la porte ouverte à une interprétation de la part de l'intervenant. Il se trouve alors coincé dans l'incertitude : «peut-il agir?», mais surtout «comment peut-il agir?»

Cette difficulté du «que faire et du comment agir» est particulièrement évoquée par les services d'aide à la jeunesse. Ils éprouvent un malaise à se situer en termes de logiques d'action. Nous pouvons aisément comprendre cette difficulté. En effet, si ces services sont avant tout des instances sociales, ils sont également «proches» institutionnellement de la logique judiciaire. Plus généralement, les difficultés dans le choix de logiques d'action se retrouvent principalement chez des intervenants déjà confrontés à un certain nombre de cas, comme si la proximité de l'expérience faisait naître de nouvelles questions, plus réflexives et plus philosophiques.

A côté de ces limites inhérentes à l'institution, d'autres difficultés s'insèrent dans cette dynamique de la réduction des possibilités d'action. Elles sont souvent le résultat d'un manque flagrant de moyens, exprimés soit quantitativement, soit qualitativement.

En effet, le manque de moyens financiers (en termes de personnel qualifié, de locaux appropriés... surtout exprimé chez les policiers et gendarmes et dans les centres SOS-Enfants) ou de temps est souvent synonyme de frustration, car l'intervenant a le sentiment qu'il serait possible d'améliorer la prise en charge s'il disposait de ressources supplémentaires. L'intervention doit alors trop souvent se limiter à une gestion de crise.

Mais le manque de compétence, d'expérience et de formation en la matière est également régulièrement mis en avant par les professionnels : ils se sentent démunis face aux problèmes posés par l'abus sexuel commis sur de jeunes enfants, dépassés par une réalité prenante émotionnellement. Un sentiment d'isolement et de solitude face aux décisions à prendre et à la responsabilité de l'intervenant face à l'action à poser naît alors, ne venant que confirmer la difficulté à agir. Nous verrons combien ce vécu affectif des intervenants ne doit pas être négligé dans la gestion des abus sexuels.

Parfois même, les difficultés se créent et se renforcent mutuellement, comme un nœud où l'on ne comprend plus véritablement sur quel fil tirer pour démêler l'ensemble. Par exemple, la difficile articulation, entre les différents intervenants d'une même équipe, semble relever d'une méconnaissance des rôles et des missions de chacun, de rivalités et de conflits personnels ou d'école, mais également d'un manque de personnel. Ce manque, conjugué à l'urgence dans laquelle œuvrent souvent les intervenants confrontés au problème de l'abus sexuel, conduit au non respect des spécificités de chacun. Tout le monde fait alors tout et n'importe quoi pour parer au plus urgent, ce qui, en fin de compte, provoque, au sein des équipes, des sentiments importants d'injustice, de frustration et de dévalorisation.

1.4. Logiques d'action et intervention judiciaire

Bien que cette question de l'intervention judiciaire ait déjà été abordée dans le premier chapitre, nous souhaitons aborder ici, ce point, dans la perspective des logiques d'action.

La logique judiciaire basée sur une certaine capacité de répression et de contrôle formel est acceptée par la plupart des intervenants comme une structure supplémentaire possédant des spécificités à ne pas dénigrer trop rapidement. Certes, les intervenants s'interrogent souvent sur le bien-fondé d'une démarche active vers les instances judiciaires, en termes de signalement ou en termes de collaboration, mais la presque totalité d'entre eux reconnaissent la nécessité d'une intervention du judiciaire dans certaines situations d'abus sexuel.

La moitié des intervenants contactés ne sont toutefois pas totalement satisfaits des services rendus par la justice et l'on est en droit de se demander si une partie de ces insatisfactions ne provient pas d'une mauvaise connaissance des rouages institutionnels du judiciaire.

En effet, confrontés à une certaine impuissance dans la gestion adéquate des situations d'abus, les intervenants s'adressent aux instances judiciaires avec des attentes qui ne correspondent pas, ou très mal, au fonctionnement et à l'organisation du système judiciaire ; un peu comme une dernière bouée sur laquelle s'appuyer quand survient le naufrage. Ignorant les limites et contraintes de cet appareil dans ses deux branches protectionnelle et pénale, leurs attentes sont alors en décalage avec une réalité de l'intervention dictée par des exigences internes.

De plus, comme cela a été développé dans le chapitre I, des problèmes déontologiques et éthiques peuvent survenir lorsque l'on entre dans l'univers judiciaire : «peut-on gérer la situation uniquement dans une logique psychosociale», «le secret professionnel doit-il être rompu au prix d'une instruction?», «faut-il inculper l'abuseur au risque de briser définitivement un cocon familial déjà perturbé?». Rappelons que ces questions ne tolèrent aucune réponse absolue, mais bien une réflexion au cas par cas et, *in fine*, l'intervenant doit, seul ou en équipe, assurer la responsabilité de la démarche. Cette prise de responsabilité répétée, difficile et lourde de conséquences, doit alors être prise en charge par des supervisions, d'ailleurs bien souvent demandées avec insistance par les différents intervenants.

2. L'INTERVENANT FACE À LUI-MÊME

On ne peut aborder le travail des intervenants sans considérer les sentiments ou les émotions qu'ils éprouvent face à la thématique de l'abus sexuel. En effet, évoquer l'abus sexuel à l'égard de l'enfant est particulièrement impliquant sur le plan affectif et du vécu subjectif de chacun. Le ressenti de l'intervenant influence ses représentations qui vont aussi inférer sur son travail avec les familles, comme cela a été évoqué au chapitre précédent. Ce ressenti «de base» occupe également une place dans la dynamique de l'intervention entre les professionnels, c'est la raison pour laquelle nous tenons à rendre compte de ce que ces professionnels nous ont confié en cette matière : «J'ai des difficultés à surmonter mon dégoût, ma répugnance et à rester professionnel»[1].

De manière générale face à la situation, ils évoquent des sentiments d'écœurement, de colère, d'injustice, d'incompréhension, d'impuissance et de tristesse profonde. Un sentiment de souffrance est aussi exprimé lorsque l'intervenant suit déjà la famille dans la prise en charge d'autres problèmes sans avoir connaissance de l'abus sexuel ou lorsque les décisions prises par la justice lui semblent inadéquates.

De même et nous avons déjà eu l'occasion d'en débattre dans d'autres chapitres, nombreux sont ceux qui ont mis en évidence des difficultés ressenties au niveau du vécu affectif. Certaines trouvent leur source dans un investissement psychologique important et entraînent la nécessité de devoir surmonter son dégoût et sa révolte, ses problèmes de conscience et de culpabilité, d'être clair avec ses propres peurs, de garder une certaine objectivité et de pouvoir prendre du recul.

D'autres difficultés sont dues à la déstabilisation psychologique qui peut naître de sentiments contradictoires : nécessité de montrer de l'empathie et de mettre à l'écart ses propres sentiments, de «naviguer» entre écoute, empathie et non acceptation des faits; difficulté de ne pas intervenir à tout prix et dans l'urgence alors que l'on est pris dans une double contrainte de responsabilisation et d'obligation de se protéger soi-même; difficulté à se forcer à intervenir alors que parfois, on préfèrerait ne pas voir; sentiment d'être manipulé par l'abuseur, l'enfant, la famille avec, en même temps, sentiment de pitié envers l'enfant.

D'autres difficultés enfin sont liées au sentiment de solitude et d'isolement : sentiment d'impuissance lié à la situation elle-même, aux limites personnelles et institutionnelles; sentiment d'un manque de valorisation du travail par les familles (qui, souvent, vu leur degré de souffrance, sont peu capables de reconnaissance et d'attentions), par les collègues de l'institution ou par les intervenants extérieurs; difficulté face au respect du secret professionnel.

«Comment pouvoir travailler professionnellement avec des gens capables de telles pratiques?» — «Il est difficile de surmonter ses problèmes de conscience, de culpabilité.» — «Il m'est difficile de ne pas juger un père abuseur car c'est un acte abject que je ne puis comprendre. Je devrais réellement me dominer pour établir un contact et une écoute positive.» — «On se trouve seul face à la souffrance de l'enfant et de la famille.» — «Souvent être seul sur le terrain est lourd au niveau moral pour soi-même.» — «Trop souvent (pour ne pas dire presque toujours) on se trouve seule face à l'agressivité, la menace ou bien on est manipulé et peu de cas (en tout cas ceux que je connais) trouvent une solution satisfaisante.»

Ces émotions peuvent entraîner des attitudes défensives parfois dommageables. Dans certains cas, ces attitudes peuvent ralentir ou arrêter le processus d'intervention lorsqu'elles se manifestent par les réactions suivantes :

– le silence, en se réfugiant derrière un secret professionnel dont on se sert, non pour protéger l'enfant et sa famille, mais comme un moyen de se protéger personnellement;

– la fuite, la démission totale;

– le déni ou l'occultation qui exclut toute possibilité de reconnaissance des faits;

– le doute sur la réalité des faits malgré des preuves évidentes;

– la banalisation;

– certaines «justifications-refuges» exploitées pour justifier une non- intervention : par exemple, risque par la condamnation du père de plonger la famille dans la difficulté, risque de faire éclater la famille, de la marquer socialement, de l'étiqueter, risque de banaliser les faits d'abus sexuel sous le couvert du respect du contexte socio-culturel de la famille, d'une certaine libération des mœurs, du modernisme ou du caractère discret de l'inceste.

A contrario, ces attitudes défensives peuvent provoquer une accélération du processus d'intervention par la dramatisation : l'intervenant risque de s'investir personnellement, de manière intensive et d'agir de façon inadéquate ou dans la précipitation, d'aider à tout prix, d'intervenir à outrance. Même si «*Réparer, déculpabiliser, soulager la souffrance de l'enfant victime sont des désirs louables. Il faut cependant savoir les comprendre avant d'y obéir si l'on veut ne pas se tromper d'objectif.*» (Crivillé, 1994, p. 173).

Ces émotions peuvent avoir des conséquences pour l'intervenant lui-même. Combinées au fait d'être surchargé de travail, d'être confronté à des cas complexes, de devoir répondre à des demandes envahissantes, de se sentir dévalorisé, de devoir s'engager avec trop d'intensité, d'en arriver parfois même à nier ses propres besoins et de ne plus respecter ses valeurs personnelles, elles peuvent amener à une surcharge émotionnelle et rendre l'intervenant sujet à un épuisement professionnel et un déséquilibre qui, dans les cas extrêmes, a pour nom «burn-out»[2].

Dans ce contexte professionnel, l'intervenant doit pouvoir prendre le temps de s'écouter, d'être au clair avec lui-même, prendre le temps de mettre en évidence ses propres inquiétudes, ses angoisses et d'en parler, ainsi que d'identifier ses émotions, ses sources de stress et d'évaluer ses difficultés. De même, il doit bien reconnaître ses limites (et celles de son institution) pour ne pas se sentir inutile, dévalorisé. Il est important pour lui de penser que, dans certaines situations, l'urgence à intervenir est relative et qu'il vaut parfois mieux prendre le temps de la réflexion plutôt que d'intervenir dans la précipitation, «à tout prix» et «n'importe comment».

En outre, l'intervenant doit pouvoir se dire qu'il est normal de ressentir des émotions et que c'est sa propre émotion et sa propre capacité d'empathie qui vont permettre l'évolution des choses. Toutefois, il est important pour lui de pouvoir doser ses réactions de réprobation et de compassion.

L'intervenant n'agit cependant pas seul, il appartient à un réseau relationnel complexe qui pourra l'aider dans sa réflexion en cette matière et grâce auquel il pourra trouver un écho à ses propres émotions et son vécu subjectif.

3. LA CONCERTATION DES SYSTÈMES D'AIDE

3.1. Collaboration entre intervenants

La collaboration entre les intervenants des différentes disciplines est un thème prédominant à la fois parce qu'il apparaît de manière très claire qu'en Communauté française, à maints égards, cette collaboration est inéluctable dans la gestion des situations d'abus sexuels et que, par ailleurs, les professionnels interrogés mettent en évidence leur volonté de collaborer avec d'autres intervenants ou structures institutionnelles et insistent de manière redondante sur l'importance de cette collaboration.

Presque tous les intervenants disent combien il est essentiel pour eux de partager les informations relatives à une situation d'abus sexuel avec d'autres, car ce partage leur permet de pouvoir bénéficier du regard d'un tiers, de rompre l'isolement qu'une telle situation peut engendrer. Pour le professionnel impliqué, il est primordial d'évoquer et de pouvoir partager avec d'autres ses inquiétudes, d'avoir un avis extérieur sur ses propres croyances, ses représentations de la situation et sur les émotions que fait naître en lui le contact avec la réalité de l'abus sexuel.

Certains considèrent surtout que la collaboration facilite l'émergence d'une plus grande homogénéité des actions mises en place par les différents partenaires concernés. D'autres types d'intervenants quant à eux instaurent plutôt des liens privilégiés avec des services institutionnellement proches en termes de logiques d'action; les écoles par exemple s'adressent aux centres psycho-médico-sociaux et centres d'inspection médicale scolaire, la police à l'appareil judiciaire.

La collaboration se justifie enfin pour nombre d'entre eux par la reconnaissance de la spécificité des professionnels de terrain, de leurs compétences et de leurs formations respectives. Dans ce contexte, c'est donc dans une perspective de complémentarité que se développe la pratique de collaboration.

Cette volonté de collaboration se traduit surtout actuellement par des liens de collaboration instaurés au cas par cas. Si l'ensemble des intervenants et des structures d'intervention présentes en Communauté française s'insèrent dans un processus de collaboration, leur degré d'implication, quant à lui, varie considérablement[3].

Les institutions judiciaires et les équipes SOS-Enfants : ces deux instances jouent manifestement le jeu de la collaboration : non seulement une majorité des institutions collaborent régulièrement avec elles mais elles-mêmes ont également un réseau de collaboration bien tissé. Ce sont deux nœuds centraux de la collaboration au niveau des situations d'abus sexuel en Communauté française. Il n'est pas vraiment surprenant de retrouver, à ce niveau, les instances judiciaires et les équipes SOS-Enfants, les unes par leur approche officielle et légale, les autres par le mandat spécifique attribué. Remarquons que seules les polices et gendarmeries ne semblent pas collaborer de manière régulière avec les équipes spécialisées.

Le SAJ, les centres de consultation et de santé mentale, les PMS-IMS : ces institutions sont également des acteurs importants au niveau de la collaboration : elles tissent avec les autres intervenants un réseau étendu, ce qui leur permet de ne pas gérer seules ce genre de situations. Bien que de constitution récente (un an au moment de l'enquête) les SAJ sont déjà bien implantés dans le circuit de la collaboration.

Les services d'hébergement, les écoles, la police et les TMS : la collaboration avec ces types d'institution est plus morcellée et plus spécifique. Le réseau semble plus ciblé et on peut parler ici de lignes directrices de collaboration plutôt que d'un réel réseau. Par exemple, les services d'hébergement sont plus souvent sollicités dans la collaboration avec les instances judiciaires; ce qui peut s'expliquer par la nécessité d'une décision judiciaire pour le placement d'un enfant. De même, les écoles collaborent principalement avec les PMS du fait de leurs liens institutionnels.

Les médecins généralistes, les centres d'accueil et animation, les services pédiatriques : pour ces deux premiers types d'intervenants, le faible niveau de collaboration avec les autres instances peut être expliqué par le peu de cas de situations d'abus sexuels qu'ils rencontrent. Moins on serait confronté à la gestion des cas, moins on aurait l'occasion de s'insérer dans un réseau de collaboration. Les services pédiatriques, bien que souvent confrontés à la problématique collaborent peu et travaillent plutôt seuls dans leur logique médicale, le cas échéant, ils ne semblent être principalement en contact qu'avec les équipes SOS-Enfants et les instances judiciaires.

La gendarmerie se distingue des autres institutions par sa quasi non insertion dans un processus de collaboration. Il s'agit donc d'une struc-

102 LES ABUS SEXUELS D'ENFANTS

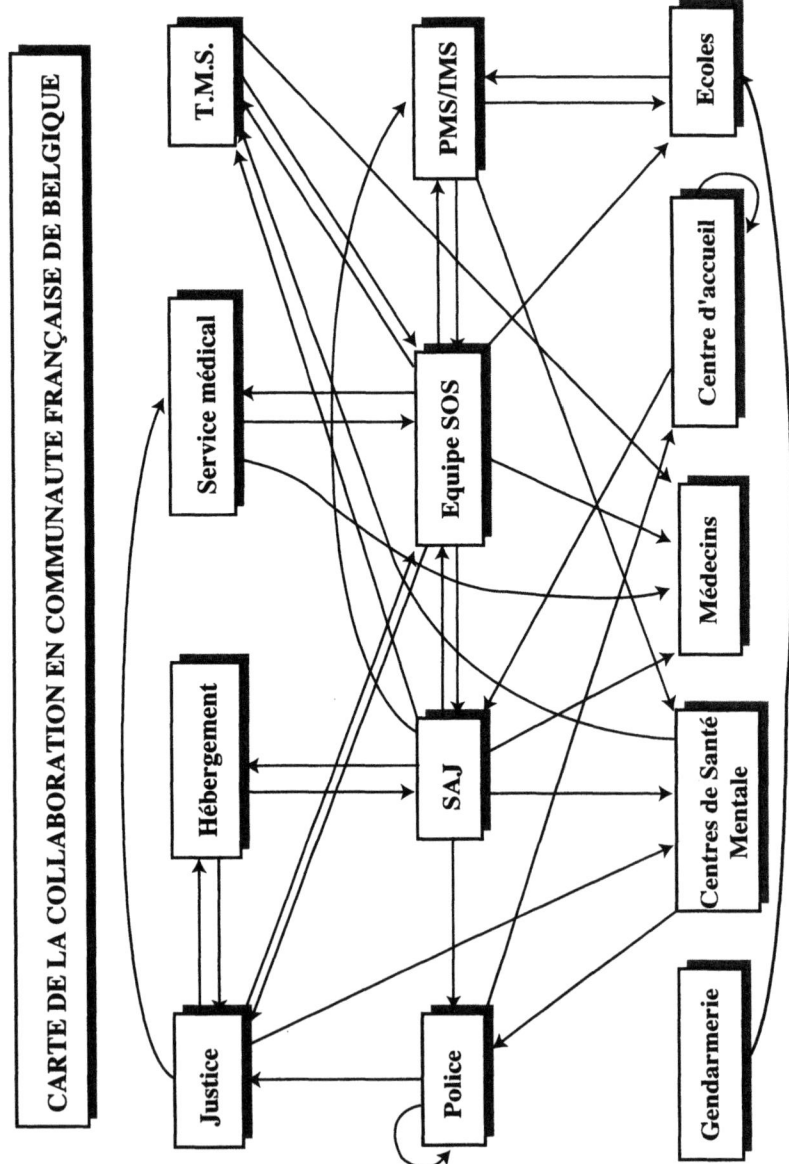

ture d'intervention isolée, ce qui peut poser problème quand on sait que les gendarmes sont aussi confrontés à des situations d'abus sexuel.

La carte ci-contre schématise les liens de collaboration unilatéraux ou réciproques.

La collaboration peut aussi se traduire par l'appartenance à un réseau officiel de coordination. Ces réseaux de coordination officiels et permanents, spécifiques à la maltraitance des enfants, se sont mis en place dans quelques rares communes ou régions. Là encore nous notons des disparités institutionnelles par rapport à l'appartenance à de tels réseaux.

Par exemple, les équipes spécialisées et les centres d'accueil et animation (maisons de quartier, maisons de jeunes et autres centres d'accueil et d'animation...) participent pleinement à une démarche de collaboration de ce type. Les raisons en sont cependant diamétralement opposées. Les équipes SOS-Enfants y participent activement en raison de leur mandat spécifique et de leur place centrale aux côtés des structures judiciaires et des SAJ sur le terrain institutionnel en matière d'intervention et de prise en charge des situations d'abus sexuel. Les professionnels des centres d'accueil et d'animation bien que non spécialisés en la matière sont très motivés à collaborer avec d'autres intervenants; nous pensons que, pour ces intervenants proches du terrain, l'adhésion à des réseaux de collaboration est liée à l'isolement dans lequel ces services ont l'impression de se trouver. En effet, ces centres se situent parmi les institutions témoignant du plus de difficultés à se positionner face à l'abus sexuel et ces intervenants disent se sentir «perdus», «désarçonnés» devant cette problématique délicate.

De manière générale, cependant l'insertion dans ces réseaux officiels de coordination ne répond pas à une logique systématique. Certains types d'institutions s'y inscrivent presque naturellement de par la place qu'elles occupent face à cette problématique (justice, SAJ), pour d'autres catégories institutionnelles (hébergement, centres de consultation, police, PMS-IMS), l'adhésion à de tels réseaux résulte davantage de l'initiative locale ou personnelle. Pour d'autres enfin, moins confrontés à la problématique de l'abus sexuel (écoles, gendarmes, médecins traitants, ...), le désintérêt à l'égard de ces réseaux de coordination semble plus généralisé. Peut-être, ne pense-t-on pas à les y intégrer?

3.2. Heurs et malheurs de la collaboration et de la concertation

Dans un premier temps, la collaboration et la concertation entre les différents professionnels seront abordées sous l'angle des difficultés et des besoins évoqués d'une manière générale, par tous les types d'intervenants interrogés dans le cadre des enquêtes postale et par interview. Dans un deuxième temps, seront présentés de manière plus particulière les difficultés et besoins des intervenants dans leur collaboration avec d'une part, les instances judiciaires et d'autre part, les équipes spécialisées. Dans un troisième temps enfin, nous reprendrons les éléments d'analyse sur ce même thème pour les principales catégories d'intervenants non spécialisés en matière d'abus sexuel : les limites qu'ils se donnent et que d'autres professionnels leur attribuent, les objectifs qu'ils poursuivent, les moyens dont ils disposent, les difficultés qu'ils rencontrent, les souhaits qu'ils formulent.

3.2.1. Les difficultés de collaboration en général

De nombreux intervenants considèrent que la collaboration et la concertation entre professionnels amenés à intervenir lors d'une situation d'abus sexuel sont insuffisantes, insatisfaisantes ou pas assez spécifiques aux abus sexuels, voire inexistantes. Il faut les créer ou les rendre plus efficaces.

> «Trop souvent chacun travaille dans son petit coin avec un manque de collaboration véritable» — «C'est de la réunionite» — «Trop souvent, le cas est discuté, rediscuté et rien ne bouge effectivement» — «Beaucoup de discussion et peu d'action» — «Il faudrait un lieu de parole et de réflexion éthique pour les intervenants».

Les répondants font part de leur méconnaissance des structures spécialisées et mandatées pour intervenir en matière de maltraitance et d'abus sexuel. De même, ils font part de leurs difficultés à faire appel à ces structures soit parce qu'elles fonctionnent selon un mode trop rigide rendant de ce fait la collaboration difficile, soit du fait de l'éloignement géographique par rapport au lieu d'intervention. Par ailleurs, lorsqu'une collaboration a pu s'instaurer avec une équipe, les intervenants ont à regretter le manque de suivi et de retour de l'information.

> «On veut connaître les structures spéciales et les services compétents afin de pouvoir établir des collaborations.» — «Les équipes spécialisées sont trop peu nombreuses, il y a des régions où il n'y a rien.» — «Il y a de réels problèmes de territorialité.» — «Les concertations sont fort difficiles avec les équipes spécialisées car elles ne nous donnent jamais de feed-back.» — «Nous ne nous sentons pas soutenus à long terme par les équipes spécialisées prenant le relais de l'intervention, c'est très inconfortable et frustrant.»

D'autres difficultés de collaboration souvent décrites par les intervenants sont celles liées aux conflits de compétence entre institutions, aux limites propres à chaque structure et à la multiplicité des intervenants.

« Il est important de bien définir le rôle de chacun, que chacun soit à sa place si on veut jouer un rôle maximum et ne pas être manipulé par les familles. » — « Il y a trop d'intervenants sur une même situation. »

Les répondants sont conscients du fait que bien souvent, plus le nombre d'intervenants s'accroît, plus leur intervention s'avère inefficace ; la famille est de plus en plus difficile à motiver à accepter toute intervention et elle peut être plus facilement encline à manipuler les différents systèmes d'aide.

La collaboration apparaît également comme malaisée dans la mesure où des intervenants amenés à se rencontrer, à partager des informations et à prendre en charge des situations ont des logiques d'actions différentes, voire opposées ou incompatibles.

« Il est fort difficile de faire comprendre à l'autre notre logique. » — « Le travail social par exemple ne recouvre pas nécessairement l'approche développée en santé mentale ou la démarche de protection judiciaire. »

Enfin, la lenteur, la lourdeur et la rigidité institutionnelles qui caractérisent certaines structures constituent selon les répondants un handicap à des collaborations et concertations efficientes.

« Si on doit attendre trop longtemps pour échanger des informations, ça ne vaut plus la peine. »

3.2.2. Collaboration avec les instances judiciaires

Le recours aux instances judiciaires est dit inéluctable dans nombre de situations. La collaboration avec les juges de la jeunesse, les services de protection de la jeunesse et les substituts pose toutefois aux intervenants des difficultés bien spécifiques.

Les juges semblent trop souvent, selon les répondants, négliger l'aspect clinique de l'intervention : le manque de considération des plaintes et des preuves cliniques, la difficulté de croire l'enfant sont cités par l'intervenant comme une entrave aux bonnes collaborations avec les instances judiciaires.

« La justice ne prend pas en considération nos argumentations psychologiques, il lui faut toujours des preuves tangibles sinon c'est classé sans suite, or on en a peu souvent. » — « Il faut rendre la justice plus consciente des problèmes même quand il n'y a pas de preuve. »

Le fait pour les professionnels de ne pas toujours connaître les rouages de la justice, de ne pas toujours comprendre son mode de fonctionnement, de ne pas être informés sur la manière de saisir les instances judiciaires et d'y avoir accès rend la collaboration difficile à établir. De même, sont évoqués l'hermétisme judiciaire et le manque apparent de clarté dans les mesures prises.

> «On est sans cesse renvoyé vers des personnes différentes, on finit par se décourager.» — «On ne comprend pas toujours les raisons de leur décision (placement ou non de l'enfant entre autres).»

Ils reprochent souvent la lenteur et la lourdeur de l'appareil judiciaire attribuées parfois à la complexité des procédures et au nombre insuffisant de juges.

> «Ils sont trop peu nombreux et font traîner les situations.» - «Pour les situations de danger, il faudrait une cellule d'intervention de crise car sinon la procédure est trop lente.»

Il est, par ailleurs, selon certains intervenants, difficile de mettre en place des collaborations avec les professionnels du monde judiciaire dans la mesure où ils ne prendraient ni suffisamment de sanctions à l'égard de l'abuseur, ni assez en considération la victime.

> «La justice ne s'occupe pas toujours de la victime.» - «Il y a une justice pour l'abuseur, mais pour la victime?»

Le manque de feed-back, déjà évoqué antérieurement de manière générale, apparaît ici de manière encore plus aiguë lorsqu'il s'agit de la collaboration entre les professionnels de terrain et les instances judiciaires.

> «On n'a pas d'idée de ce que les juges font de nos plaintes, ils ne nous concertent pas.» — «Les intervenants du secteur judiciaire ne tiennent pas compte du travail qu'on a fait, ils ne nous rencontrent jamais, ils prennent les décisions seuls.»

Gardons à l'esprit que toutes ces difficultés liées à la collaboration entre intervenants viennent se greffer sur celles existantes en toile de fond, inhérentes aux divergences de logiques d'action déjà évoquées précédemment.

3.2.3. *Collaboration avec les équipes spécialisées*

Les équipes spécialisées SOS-Enfants ou autres, tout comme les institutions judiciaires occupent, nous l'avons vu, une place centrale dans le système d'intervention en matière d'abus sexuel en Communauté française et tous les intervenants contactés ont eu l'occasion de collaborer de manière plus ou moins régulière avec les professionnels de telles équipes. C'est pourquoi, nous leur accordons un intérêt particulier : nous envisagerons successivement les attentes des professionnels à l'égard de la spécialisation en général et de ces équipes en particulier et la vision qu'ils en ont.

Pour les intervenants, une équipe spécialisée doit être avant tout pluri-disciplinaire, toutefois aucun consensus n'apparaît quant à la composition type de ces équipes, à la fois en termes de disciplines et de spécialisation en matière d'abus sexuel : certains estiment que la spécialisation peut entraîner des écueils tels que la banalisation ou la déformation professionnelle. Par contre, tous les répondants insistent sur l'impérieuse nécessité de compétences psychologiques pour chacun des membres des équipes pluri-disciplinaires : capacité d'écoute, absence de jugement et habilité à prendre du recul face aux situations.

De plus, certains intervenants attachent une grande importance à la capacité de l'équipe spécialisée à collaborer avec les professionnels de terrain. Ils jugent primordial que ces structures puissent intervenir d'urgence ou dans les états de crise et puissent faire preuve d'une entière disponibilité. Ils pensent que ces structures doivent assurer la prise en charge et le suivi à long terme de la situation et travailler avec l'ensemble de la famille même si cette dernière est réticente. A cet égard, pour eux, les équipes spécialisées devraient pouvoir bénéficier d'un mandat d'intervention leur permettant de prendre des mesures d'urgence (éloignement de l'enfant, hospitalisation...) et ce, sans la nécessaire intervention des structures judiciaires.

Les équipes spécialisées s'avèrent-elles plus efficaces que les non-spécialisées ? Les répondants ont indéniablement mis en évidence la plus grande efficacité en matière d'intervention des premières dans la mesure où les intervenants ont plus d'expérience, de formation, sont mieux armés pour poser un diagnostic et entreprendre une thérapie et ont en général plus de doigté et de compétences psychologiques pour aborder ces situations souvent lourdes et chargées d'affects. Elles auraient moins tendance à prendre la situation à la légère, à culpabiliser l'enfant et évalueraient mieux les risques encourus. Enfin, le fait que les institutions spécialisées soient pluri-disciplinaires, qu'elles soient mandatées, que leur cadre opérationnel soit clairement défini et qu'elles aient la possibilité de faire appel, en complémentarité, à un réseau étendu d'intervenants constitue un atout majeur d'efficacité. Le niveau d'efficacité dépend, cependant, pour certains d'entre eux, bien plus des personnes, de leur disponibilité, de leurs capacités d'écoute, de leurs outils et ressources que de leur appartenance stricto sensu à une équipe spécialisée.

Pour bon nombre d'intervenants, les équipes non spécialisées offrent l'avantage de moins étiqueter les familles, de respecter davantage l'anonymat, d'être plus facilement accessibles et en général, moins surchargées de travail. Ces arguments amènent un répondant (un policier) à estimer, de manière inattendue, que les équipes spécialisées sont inéluctablement moins efficaces que les intervenants non spécialisés.

Bien que reconnaissant aux équipes spécialisées une plus grande efficacité en matière d'intervention, la plupart des répondants mettent en évidence certains inconvénients à la spécialisation : ne pas tenir compte suffisamment de l'ensemble des aspects de la vie familiale et de la personnalité de chacun des partenaires, voir la situation d'abus sexuel de manière schématique ou projetée sur une toile de fond de connaissances livresques. Ils entrevoient, par ailleurs, un risque de rigidité d'esprit, d'impérialisme, de toute puissance, de manque de collaboration, de coercition. Le risque de «pathologisation» et d'interventionnisme à outrance est également évoqué.

Cette vision de la spécialisation varie certes selon le type d'intervenants interrogés, le genre de situation pour lequel on réfère, ou encore l'équipe spécialisée visée par le propos. Elle résulte selon nos observations, à la fois, d'idées préconçues et d'expériences effectives de collaboration.

Les intervenants affirment que leur collaboration avec les équipes spécialisées est particulièrement porteuse lorsqu'il y a une bonne concertation entre les divers partenaires impliqués dans l'intervention et lorsque les équipes spécialisées assurent une réelle prise en charge et un suivi de la famille. L'expérience des professionnels des équipes spécialisées, combinée à leur volonté de faire travailler ensemble plusieurs intervenants, est perçue comme gage de collaboration efficace.

Par contre, lorsque la collaboration est jugée totalement inefficace par les professionnels de terrain, la toute puissance de certaines équipes spécialisées, l'hyper-spécialisation et le peu d'informations reçues en retour sont le plus souvent évoqués comme griefs. Ces équipes spécialisées se disent d'ailleurs conscientes du problème de ne pouvoir assumer comme elles le souhaiteraient le retour de l'information aux professionnels qui leur ont signalé et transmis une situation.

«On essaie de donner un feed back aux intervenants mais on manque de temps, on travaille toujours dans l'urgence, les liens se diluent et on ne peut plus faire ce retour aux intervenants.»

Soulignons que les SPJ, TMS, IMS font part, plus que d'autres, d'expériences de mauvaises collaborations avec les équipes spécialisées.

Lorsqu'on analyse les difficultés et besoins évoqués par les intervenants des équipes spécialisées eux-mêmes, il est intéressant de remarquer qu'ils sont, de manière générale, en tous points identiques à ceux mis en évidence par l'ensemble des autres intervenants. Ils mettent en effet en avant les difficultés rencontrées dans la prise en charge à moyen et à long termes de l'abuseur et la famille et en particulier lorsque cette dernière refuse toute intervention. De même, ils estiment être confrontés aux difficultés relatives à la collaboration en général et avec les instances judiciaires plus particulièrement (par exemple, la question de la preuve judiciaire se pose à eux tout comme aux autres intervenants).

D'autres difficultés sont encore évoquées par certaines équipes. Celles liées à la méconnaissance du réseau social : vers qui réorienter ? Quels sont les lieux d'accueil d'urgence ? Celles relatives à l'absence de formation spécifique à l'abus sexuel; nous l'avons vu, ce type de formation fait souvent défaut même pour le personnel de ces équipes.

Certaines difficultés rencontrées sont encore attribuées au statut de leur structure qui apparaît souvent comme mal défini et pouvant engendrer une confusion de rôles à leurs propres yeux déjà et aux yeux des autres intervenants a fortiori. En outre, la dénomination de leurs équipes risque de stigmatiser les familles.

« L'étiquette SOS-Enfants n'est pas adéquate. Il est très difficile pour les parents ou les auteurs d'arriver ici avec cette étiquette, surtout dans un cas de suspicion, cela ne favorise pas le contact. »

Plus que toute autre structure toutefois, les équipes spécialisées SOS-Enfants placent en figure de proue de leurs difficultés le budget trop limité, les locaux inadaptés, le manque de personnel dont elles disposent, le manque de temps qui en découle et le risque de « burn-out » pour leurs intervenants.

Majoritairement, les intervenants sont convaincus de l'utilité et de l'efficacité, en général, et plus spécialement dans le processus de diagnostic et de prise en charge à long terme, des équipes spécialisées et ce, même s'ils leur reconnaissent des dysfonctionnements. Malgré les nombreux inconvénients que les professionnels attribuent en toute lucidité aux équipes spécialisées, ils témoignent de leur efficacité et jugent important de travailler en collaboration avec elles. La plupart des répondants disent d'ailleurs collaborer positivement et efficacement avec les équipes SOS-Enfants de la Communauté française. Les raisons de mauvaises collaborations, quant à elles, paraissent fondées dans bien des cas. Et d'ailleurs, les professionnels des équipes spécialisées sont, à très peu d'exceptions près, conscients des griefs et reproches que les autres structures leur adressent, en matière de collaboration. Afin de favoriser ces collaborations, il semble toutefois nécessaire de développer et de systématiser auprès des professionnels, l'information sur l'existence des équipes spécialisées.

Par ailleurs, il y aurait lieu de clarifier, auprès de l'ensemble des intervenants, le statut, le mode de fonctionnement de ces équipes et ce que l'on peut en attendre de manière réaliste, sachant que les attentes vis-à-vis de ces structures sont très importantes, voire parfois démesurées (pluri-disciplinarité, formation, compétence, expérience, travail avec l'ensemble de la famille, suivi à long terme, disponibilité, action rapide, action en concertation avec d'autres, etc.).

Puisqu'elles occupent, dans le système d'intervention, une place indéniable en Communauté française, il faudrait donner à ces équipes spécialisées des moyens en personnel, en temps, en formation et en infrastructure. Ces moyens leur permettraient, selon toute vraisemblance, d'être moins surchargées de travail et de mieux gérer leur «burn-out» même si, et cela nous semble inéluctable, une partie de leur action se fera toujours dans l'urgence. Il faut par ailleurs amener les professionnels de certaines de ces équipes spécialisées à reconnaître la compétence d'autrui car elles ne peuvent faire l'économie d'un travail de collaboration ni au sein même de leur institution, ni avec les intervenants d'autres structures. Cette collaboration implique certes un feed-back des actions qu'elles mènent, mais aussi une mise en sourdine de leur éventuelle suprématie. En effet, le fait de se croire les seuls détenteurs du savoir et du monopole de la problématique de l'abus sexuel rend difficile les échanges et les concertations.

De plus, les professionnels de ces équipes doivent quotidiennement rester vigilants face au risque majeur d'«hyper-spécialisation» et doivent toujours être attentifs à n'envisager l'abus sexuel que de manière globale, c'est-à-dire dans l'ensemble de la problématique familiale, en tenant compte de la complexité des situations.

Quant aux réseaux de coordination officiels dont nous avons parlé antérieurement, ils ne répondent pas toujours pleinement aux attentes des répondants. Par ailleurs, et a contrario, là où ces réseaux fonctionnent positivement, l'intervention pour les cas difficiles et complexes est rendue, selon eux, plus aisée. Les professionnels disent retirer d'énormes bénéfices à être intégrés dans de tels réseaux et même si cela nécessite une mise en œuvre exigente et si l'impact n'a pas été jusqu'à présent évalué de manière systématique, une telle démarche semble s'avérer des plus porteuse.

«Chaque fois que des intervenants se regroupent en réseau, apparaît un cadre d'organisation pratique d'une grande diversité et d'une grande richesse.»

De manière plus particulière, sont mis en avant les atouts de telles coordinations établies d'office et éventuellement avant même d'être confronté à une situation d'abus sexuel.

«La bonne connaissance réciproque préalable des intervenants» — «le fait qu'on ait déjà pu s'apprécier» — «une relation plus personnelle entre les différents intervenants» — «la confiance réciproque et la volonté de collaboration bien établie» — «une mobilisation de chacun plus rapide car chacun est déjà sensibilisé au problème» — «un meilleur feed back et relais de l'information» — «une connaissance des limites de chacun et le respect de celles-ci.»

3.2.4. Difficultés et besoins de catégories spécifiques d'intervenants

Les différents types d'intervenants rencontrent des difficultés bien spécifiques qui exacerbent encore celles évoquées en termes généraux. Cinq catégories sont envisagées : les policiers et gendarmes, les directeurs et enseignants des écoles maternelles et primaires, les intervenants des PMS et IMS, les TMS de l'ONE, les médecins généralistes.

Policiers et gendarmes

Ces représentants de la loi disent devoir faire appel, de par leurs limites institutionnelles, à des psychologues, à des médecins et aux instances judiciaires pour toutes actions qu'ils désirent entreprendre. Par ailleurs, ils estiment que l'on s'adresse à eux dans l'espoir qu'ils puissent retrouver l'abuseur et signaler la situation au parquet.

Les membres de la police et de la gendarmerie pensent que quels que soient la nature, le contexte, les circonstances, le moment, le lieu et la durée de l'abus sexuel, toutes les situations nécessitent l'urgence de l'intervention. Rappelons qu'ils doivent dresser un procès verbal de toutes leurs interventions, ceci nous permet de supposer qu'ils assimilent la notion d'urgence à celle du devoir. D'autre part, l'idée que l'enfant puisse être à nouveau victime, parce qu'amené à retourner après la dénonciation dans ce milieu familial à risque, les inquiète fortement et les motive à réagir très rapidement.

Les policiers et les gendarmes nous ont paru particulièrement soucieux d'intervenir avec doigté dans les situations d'abus sexuel, ils sont préoccupés par les conséquences que pourrait avoir pour la victime et sa famille, une intervention non adaptée. Ce n'est certes pas, selon nous, un souci spécifique des forces de l'ordre mais nous pouvons penser qu'étant non spécialisés dans ce domaine, ils abordent peut-être plus que d'autres cet aspect du problème. Par contre, ils se posent moins de questions en termes de logiques d'action que d'autres intervenants, vraisemblablement du fait que leur statut les confronte directement aux instances judiciaires et qu'ils sont ainsi contraints à suivre une procédure bien définie. Ils mettent toutefois en évidence les écueils qu'ils rencontrent avec le judiciaire ; ils ne comprennent pas toujours les rouages de la justice, et trouvent souvent la procédure lente, lourde et inadaptée alors qu'ils pensent devoir intervenir rapidement et protéger l'enfant immédiatement.

D'une manière générale, policiers et gendarmes évoquent de manière nuancée et argumentée un grand nombre de difficultés et de demandes.

Ils disent, particulièrement, être confrontés au silence de l'enfant (surtout lorsque les parents sont présents lors de l'entretien, comme c'est souvent le cas), au déni de la famille et surtout au déni de l'abuseur. Ils ne peuvent pas toujours repérer une situation d'abus sexuel parfois noyée dans d'autres problèmes et ne savent comment procéder pour dépasser ces obstacles. Ils se sentent démunis lors des auditions des enfants et des familles.

> «Comment faire sortir la famille de sa position défensive et aborder le problème?»
> — «C'est déjà un problème que l'enfant parle du domaine sexuel en général, dès lors parler d'abus à la police ou à la gendarmerie c'est un pas énorme à faire.»

Policiers comme gendarmes se plaignent d'un manque de formation psychologique et sociale, ce qui, selon eux, rend parfois leurs interventions inadéquates.

> «On a de plus en plus un rôle d'assistant social, or nous ne sommes pas formés et certains ne veulent pas être formés à cela.» — «On a besoin d'une formation suivie axée sur la problématique et la possibilité de recourir à un superviseur.»

Certains souhaitent aussi être entourés de professionnels mieux informés et plus spécialisés. Ils évoquent à ce propos l'importance de pouvoir profiter des compétences de médecins experts, de psychologues, de psychiatres, d'assistants sociaux afin de tenter d'apporter une réponse plus adéquate aux demandes de la famille et des proches.

> «Besoin de l'assistance d'un service social, médical, ... afin de favoriser, faciliter le contact des victimes avec la police, la justice.» — «On aimerait avoir la possibilité en cas de besoin de décrocher vingt quatre-heures sur vingt-quatre une assistante sociale ou une psychologue pour entourer l'enfant et aider à la manifestation de la réalité lors des auditions.»

Si depuis peu, des initiatives vont dans les sens de la création, au sein de certaines unités de police, de grands centres urbains, de postes de psychologues et d'assistants sociaux, ces tentatives restent encore trop disparates et, le cas échéant, les effectifs sont rapidement surchargés de travail. Policiers et gendarmes signalent souvent le manque ou l'inaccessibilité d'organismes spécialisés et le fait que certaines bourgades sont très mal desservies en institutions psycho-médico-sociales. Dans l'ensemble, leur collaboration, bien que peu fréquente avec les équipes SOS-Enfants, est positive et ils prennent la décision d'y recourir, parfois d'eux-mêmes.

Pour bon nombre de policiers et de gendarmes le port de l'uniforme constitue un frein notoire pour approcher les enfants, ceux-ci trouvent que dans ces cas spécifiques d'intervention le personnel devrait travailler en civil et effectuer les démarches à domicile dans des véhicules banalisés afin de respecter la discrétion. De même, ils regrettent l'absence quasi générale d'un personnel féminin plus à même selon eux de recueillir les confidences et d'approcher des situations de ce type avec tact et douceur. Ils demandent aussi des locaux plus accueillants, mieux adaptés pour l'audition des familles.

Ils regrettent également que leur champ d'action soit si limité. En effet, l'enfant et la famille sont déjà pris en charge par d'autres professionnels avant ou pendant l'intervention des forces de l'ordre. Dans le même ordre d'idées, ils vivent mal le fait de «ne pouvoir sortir de leur rôle de flic». Ils souhaitent qu'on explique préventivement aux enfants qu'ils peuvent s'adresser à eux. D'une manière générale, ils souhaitent que leur rôle soit revalorisé.

> «Il faut faire l'éducation des enfants, montrer que le gendarme n'est pas nécessairement là pour sanctionner, mais qu'il a également un rôle social, éducatif et d'aide à toute personne.» — «Le gendarme a besoin de sentir que la société est d'accord avec ce qu'il fait, d'un soutien même tacite. Il a besoin qu'on l'écoute parce qu'il a toujours plus à dire qu'on ne le croit.»

Quand la question de l'efficacité de la collaboration avec les policiers et les gendarmes est abordée par certains autres professionnels, ces mêmes écueils sont mis en évidence.

> «Les policiers et les gendarmes chargés d'enquête manquent de formation, ils ne savent pas comment intervenir. Il faudrait plus d'écoute réelle de la part des policiers et des gendarmes qui ont le premier contact.»

Comme nous venons de le voir, ils en sont eux-mêmes largement conscients. Par ses propos, ce gendarme nous le confirme avec beaucoup de lucidité.

> «Si j'avais moi-même un cas semblable, je ne m'adresserais ni à la police ni à la gendarmerie mais à une conseillère conjugale, assistante sociale ou psychologue. Nous, policiers et gendarmes, ne sommes ni formés, ni équipés pour recevoir, accueillir di-

gnement, écouter, entendre les victimes qui sont toujours seules et très vites oubliées. Nous nous limitons trop souvent au constat.»

Directeurs et enseignants des écoles maternelles et primaires

Les directeurs d'école et les enseignants signalent principalement les situations d'abus sexuels à des institutions psycho-sociales pour protéger l'enfant, pour l'aider, le comprendre et afin que des mesures favorables soient prises à son égard. Par contre, selon ces professionnels, l'école ne reçoit que très rarement un signalement d'abus sexuel de la part de la famille ou de professionnels extérieurs. Pour eux, si toutefois, on leur signale qu'un enfant de leur établissement est en danger, c'est pour sensibiliser les enseignants afin qu'ils se montrent patients et compréhensifs à l'égard de l'enfant. Si l'état physique du jeune est évoqué prioritairement comme critère d'urgence de l'intervention, la demande d'aide de l'enfant et ses aveux sont également largement entendus par les membres du corps professoral.

Nous pouvons supposer que les enseignants ont été touchés par les importantes campagnes de sensibilisation à la maltraitance et aux abus sexuels qui attirent l'attention sur les traumatismes physiques alertants. De même, l'influence des pédagogies nouvelles, où l'enfant est entendu comme sujet signifiant, permet peut-être de mieux comprendre l'importance accordée aux propos des jeunes. Dans ce contexte, les professionnels des établissements scolaires insistent, dans l'évocation de leurs difficultés et besoins, sur le thème de la collaboration.

Par ailleurs, les directeurs et enseignants soulignent qu'ils ne peuvent contraindre l'enfant à parler et n'ont aucun pouvoir pour entrer en contact avec la famille quand celle-ci manifeste de la méfiance. Ils insistent sur leur propre manque de formation en général et, en particulier, au dépistage et à l'écoute. Certains directeurs et enseignants souhaitent des formations spécifiques, sous forme de formation continue, de séminaires intégrés aux journées pédagogiques ou dispensés en dehors des heures scolaires.

Ils mettent dès lors en avant leur besoin impérieux de recourir à des «personnes ressources» qui puissent les aider lors des contacts avec l'enfant et la famille.

«Besoin d'aide de personnes compétentes. Dans les écoles primaires, l'instituteur est seul pour tout régler. Pas d'éducateur, pas d'assistante sociale, pas d'infirmière.» - «Qu'il y ait un service que l'école puisse contacter afin qu'un pédopsychiatre vienne en cas de doute.»

Les directeurs et les enseignants ont également évoqué le manque de prévention, l'importance de vaincre les tabous et la nécessité d'inciter les gens à dénoncer les cas.

> «C'est un sujet tabou, on n'ose pas agir. Les gens ont la mentalité mêle-toi de tes affaires.»

Il est intéressant de noter que le reproche d'indifférence que les écoles font à la société, certains intervenants le leur retournent, un peu comme si la responsabilité de la société tout entière était focalisée sur ce lieu particulier qu'est l'école.

> «Il y a des écoles qui ont peur de se mouiller et certains enseignants ferment les yeux.» — «Le silence des responsables d'école empêche des enquêtes d'aboutir.»

En ce qui concerne le rôle de l'école en matière d'éducation préventive, on note une discordance entre les attentes du public et des autres intervenants à l'égard de l'école et l'attitude du corps professoral lui-même à ce sujet. En effet, un nombre important d'enseignants et de directeurs d'établissements scolaires estiment que l'information et l'éducation préventives en matière d'abus sexuel ne sont pas de leur ressort mais doivent plutôt être prise en charge par des personnes plus neutres, extérieures à l'institution scolaire, alors que les autres intervenants citent souvent l'école comme un lieu privilégié de prévention et estiment que les enseignants doivent être préparés et armés pour assumer ce rôle. Pour ceux-ci, cette éducation doit faire partie intégrante du programme scolaire et le corps professoral doit organiser des débats à ce sujet avec les parents en étant éventuellement aidés et soutenus par d'autres professionnels expérimentés.

Centres psycho-médico-sociaux (PMS)
et Centres d'inspection médicale scolaire (IMS)

Les intervenants des centres PMS peuvent être considérés comme privilégiés pour observer l'enfant, son comportement, ses attitudes et ses réactions, c'est pourquoi on fait appel à eux pour gérer certaines situations. Par ailleurs, ces intervenants, comme ceux des centres IMS qui s'insèrent dans une logique davantage médicale, ont de par leur statut, la possibilité d'examiner l'enfant et de constater l'éventuelle présence de séquelles physiques.

Les professionnels des centres PMS sont, dans leurs critères de gravité et d'urgence de l'intervention, plus particulièrement attentifs au comportement psycho-social de l'enfant et à son attitude relationnelle (tristesse, agressivité, troubles de l'humeur...). Les intervenants des centres IMS quant à eux, s'inquiètent plus particulièrement lorsque l'enfant présente des symptômes d'ordre fonctionnel ou des troubles psycho-somatiques (troubles du sommeil, énurésie, anorexie...).

Les centres PMS confrontés à leurs limites institutionnelles doivent très souvent faire appel à d'autres professionnels. En effet, les intervenants de ces centres ne peuvent entrer dans les familles et prendre en charge l'enfant si celles-ci s'y opposent. Ces limites, cumulées au manque de compétences spécifiques, de moyens, de formation et surtout de disponibilité (ils ne travaillent pas 24 h/24), de personnel en général et de psychologues et d'assistants sociaux en particulier dans le cas des IMS, conduisent ces professionnels à susciter l'intervention de structures extérieures plus contraignantes envers les familles.

En effet, les professionnels de ces centres disent souvent ne pouvoir accomplir un travail approfondi. Ils ont la charge d'une population trop importante et devraient intervenir toujours en urgence. Ils manquent de moyens et évoquent des besoins en personnel, en budget et en temps. Par ailleurs, les limites institutionnelles, inhérentes au cadre de leur structure, les empêchent, selon eux, de dépasser le refus des parents, d'entreprendre avec l'enfant tout travail thérapeutique et de rencontrer l'abuseur. Ils peuvent tenter de faire émerger la demande d'aide mais n'ont quasi aucun pouvoir d'action car ils opèrent dans un cadre qui implique l'adhésion volontaire des intéressés. Ces professionnels se posent aussi des questions sur les logiques d'action et vont parfois, pour certains, jusqu'à souhaiter être en possession d'un schéma type d'intervention! Ils désirent être formés à dialoguer avec les enfants, mieux pouvoir cerner le moment propice pour entamer une rencontre et mieux savoir comment aider l'enfant à mettre des mots sur ce qu'il a vécu. Ils veulent des réunions avec d'autres professionnels pour réfléchir aux situations qu'ils rencontrent, pour se rassurer et bénéficier de supervisions.

Les professionnels des centres psycho-médico-sociaux (PMS) semblent éprouver, en général, plus de difficultés que leurs collègues des centres IMS, à collaborer avec d'autres intervenants. Ils ont beaucoup de reproches à adresser aux équipes spécialisées même s'ils disent collaborer efficacement avec certaines de celles-ci; ils mettent en avant la lourdeur institutionnelle de ces structures, l'absence de suivi, les changements trop fréquents de personnel, le manque de prise de décisions et le fait que ces structures soient aussi limitées qu'eux-mêmes dans les cas où la famille refuse toute intervention. A l'inverse, les autres professionnels tout venant avouent présenter d'énormes difficultés à collaborer avec les PMS car ils ont le sentiment, comme vis-à-vis de certaines équipes spécialisées, que les intervenants des centres PMS «monopolisent le savoir», «restent dans leur tour d'ivoire» et «préfèrent jouer cavalier seul».

Les professionnels des centres PMS et IMS évoquent une collaboration parfois difficile avec les médecins généralistes et les enseignants. Inversement, ces derniers bien qu'ils disent apprécier la collaboration avec ces professionnels considèrent que leurs limites institutionnelles constituent un frein important à l'établissement de collaborations pleinement efficientes.

Par ailleurs, la collaboration avec les instances judiciaires pose particulièrement problème aux intervenants de ces centres. Ils disent méconnaître le fonctionnement de ces instances et l'existence des Services d'Aide à la Jeunesse (SAJ), être peu au courant des procédures à suivre et ne pas toujours pouvoir distinguer les structures qui ont un rôle préventif de celles qui ont un rôle répressif. Cette méconnaissance peut, selon nous, expliquer partiellement, le fait qu'ils se posent des questions en matière de logiques d'action, qu'ils se sentent limités dans leur intervention et disent ne pas toujours pouvoir agir adéquatement. Nous émettons aussi l'hypothèse qu'ils justifient leur passivité éventuelle en se retranchant derrière leur statut (tel qu'ils le conçoivent), en mettant en cause la législation existante ou encore, dans le cas de certains intervenants de centres IMS plus particulièrement, en évoquant le secret professionnel alors qu'ils peuvent, de par les articles du Code de déontologie, agir dans l'intérêt de la victime et saisir les autorités judiciaires.

Ces intervenants, enfin, semblent croire à l'utilité de la prévention auprès des enfants et estiment plus que nécessaire l'éducation à la santé et l'éducation sexuelle. Ils suggèrent de manière très concrète que cette information soit introduite dans les programmes scolaires.

Travailleurs médico-sociaux de l'ONE (TMS)

La certitude de l'abus sexuel et le comportement de l'enfant sont jugés par les travailleurs médico-sociaux (TMS) comme étant des facteurs qui les mobilisent. Les signes d'alerte qu'ils prennent en considération semblent relever davantage du domaine psychologique et social que du registre médical.

Pour ces professionnels, il est important de travailler en collaboration afin de partager les informations qu'eux-mêmes peuvent avoir de la situation avec d'autres professionnels amenés à intervenir dans la famille et parce qu'ils se sentent dans l'impossibilité d'intervenir seuls dans les situations de ce type jugées trop graves, trop lourdes et trop complexes. Pour eux, les autres intervenants leur réfèrent des situations d'abus sexuel dans la mesure où ils sont considérés comme des personnes privilégiées pouvant « rentrer » dans les familles, recevoir des confidences et observer d'éventuelles évolutions. Leur statut leur permettrait d'obtenir des informations qui, pour les autres professionnels, apparaissent très importantes. Paradoxalement pour certains de ces TMS, le fait de bien connaître la famille et d'en être proche n'est pas toujours un outil, un atout efficace car, selon eux, c'est ainsi « qu'on ne voit plus les problèmes ». De même, ils disent ne pas toujours trouver les moyens de s'introduire dans les familles, et ne pouvoir établir le contact et intervenir qu'avec l'assentiment de ces dernières.

Les difficultés les plus évoquées par les TMS sont sans conteste celles relatives au diagnostic et à la collaboration inter-institutionnelle. Ces professionnels mettent en avant leurs limites institutionnelles, leurs difficultés en matière de logiques d'action et évoquent, plus que tout autre type d'intervenants, une surcharge émotionnelle. Nous percevons chez eux, un grand sentiment d'isolement. Les TMS estiment que leur travail est peu pris en considération et ne se sentent pas valorisés dans leur rôle par les principaux partenaires avec lesquels ils sont amenés à collaborer : PMS, médecins généralistes, équipes spécialisées. De manière générale, pour les TMS, la collaboration avec ces intervenants n'est pas toujours aisée et les concertations actuelles pas toujours réellement et pleinement efficientes. Or, ils sont invités par leur pouvoir organisateur, l'ONE, à travailler en concertation avec les équipes spécialisées. Ils sont donc écartelés entre leurs logiques personnelles et les directives de l'employeur.

> « Une famille visitée par une TMS a souvent de bons contacts avec cette dernière, elle lui fait des confidences, la TMS continue à visiter la famille et n'est pas au courant de ce qui est fait pour l'enfant et pour la famille. » — « Pourquoi ne tient-on pas compte des rapports des TMS et qu'on ne les contacte pas avant la prise d'une décision judiciaire ? »

Ces intervenants nous disent, par ailleurs, être partagés entre leur respect du secret professionnel et leur besoin d'obtenir des avis extérieurs, des conseils sur la pertinence d'une éventuelle intervention.

> « On travaille seul, on a un secret à respecter, d'où on est renfermé dans une problématique dont on ne peut sortir qu'avec des gens qui partagent ce secret. »

Les difficultés de diagnostic et de contact avec les familles, l'impression de ne « pouvoir aller plus loin » et de n'avoir « aucun pouvoir », les difficultés de collaboration avec les autres intervenants ainsi que leur sentiment d'isolement entraînent un vécu émotionnel important.

> « Lorsque je suis inquiète pour un enfant, j'aimerais pouvoir en parler le plus vite possible à une personne compétente dans le domaine afin de pouvoir me libérer de mes

émotions d'abord et ensuite d'être guidée par une équipe pour cerner le problème et sauver l'enfant de cette torture.»

Tout ceci est important à considérer dans la mesure où les intervenants de cette catégorie sont ou pourraient être encore davantage au cœur du problème qui nous intéresse. En effet, bien que s'occupant surtout de nourrissons, mais parce qu'ils accompagnent la mère pendant la grossesse (moment privilégié pour les confidences), se rendent à domicile et rencontrent les autres enfants de la famille, ces TMS sont idéalement placés pour se faire une image de la dynamique conjugale et familiale.

Ces travailleurs médico-sociaux nous apparaissent ouverts à la problématique de l'abus sexuel, lucides sur le rôle qu'ils peuvent jouer et capables d'agir avec doigté. Il peut dès lors être utile de les valoriser dans leur fonction, de les encadrer, de leur fournir formations et supervisions adéquates. Des journées de réflexion sur l'enfance maltraitée ont été mises sur pied jusqu'ici par leur pouvoir organisateur mais nombre d'entre eux les considèrent comme trop théoriques, pas assez axées sur les besoins réels et insuffisamment centrées sur le problème spécifique de l'abus sexuel.

«Une formation continuée est déjà mise en place mais j'en ressens déjà aussi les limites.»

Médecins généralistes

L'intérêt des médecins généralistes porté à cette recherche sur les abus sexuels ou, en général, à la problématique est différent selon que ces intervenants ont été ou non confrontés à des situations concrètes d'abus sexuels. Les rares cas de refus de participer à l'enquête par interview proviennent de médecins généralistes n'ayant jamais été amenés à gérer ce type de situation. Le manque de temps, le sentiment de ne pouvoir nous aider et l'impression de n'apporter aucune information intéressante étaient évoqués pour justifier ce refus.

Les médecins généralistes orientent les familles en difficultés soit vers des psychologues, soit vers des assistants sociaux de divers services (centre de guidance, centre de santé mentale, CPAS...), soit vers des institutions spécialisées. Ils considèrent, en effet, qu'ils ne disposent ni de la formation nécessaire, ni du temps suffisant pour s'investir dans ce type de problème bien qu'ils aient la certitude que les autres professionnels les considèrent comme des intervenants privilégiés du fait qu'ils sont très proches des familles, qu'ils peuvent repérer rapidement les possibles dysfonctionnements et constater de visu d'éventuelles séquelles physiques de l'abus sexuel chez l'enfant. Leurs critères de gravité des abus sexuels et d'urgence de l'action confortent cette impression. En effet, pour que ces professionnels se mobilisent, ils doivent être les témoins oculaires de scènes abusives ou observer la présence de séquelles physiques dans les régions vaginale ou anale.

Ces professionnels évoquent principalement leurs difficultés à maintenir le contact avec la famille une fois l'abus sexuel découvert.

«Comment agir sans perturber la relation avec la structure familiale?» — «Comment dénoncer sans tout casser?» — «Quelles vont être les réactions de la famille si on signale à la justice?»

De plus, ils ne voient pas toujours comment dissocier leur rôle d'intervenant en matière d'abus sexuel de leur rôle de «thérapeute» de la famille.

«Comment protéger l'enfant tout en continuant à garder comme client la famille, voire l'abuseur?»

Les médecins évoquent également la question du secret professionnel. Le silence des médecins leur est d'ailleurs souvent reproché par les autres intervenants comme les policiers, les gendarmes et les TMS.

«Il faudrait rendre les médecins responsables de non-assistance à personne en danger.»

Ils soulignent la difficulté d'établir des collaborations inter-institutionnelles. La coordination entre le monde médical et les autres intervenants apparaît comme précaire; les médecins méconnaissent l'appareil judiciaire (tribunal de la jeunesse, parquet, SPJ) et ils disent se méfier des policiers soit a priori, soit parce qu'ils ont été «refroidis» par de mauvaises expériences de concertation avec ces derniers. Les policiers, selon eux, interviennent trop rapidement et sont mal préparés à l'écoute de l'enfant abusé et de sa famille. Les généralistes semblent de même peu ou mal informés de l'existence des équipes spécialisées et sur leur fonction. En outre, ils souhaitent qu'on valorise leur position de médecin de famille et le rôle qu'ils peuvent jouer dans la prise en charge de situations d'abus sexuels.

Nous avons pu déceler chez ces médecins une demande de formation en psychologie, en prévention et plus que chez d'autres, en législation. Ils ont de même évoqué la nécessité de mieux connaître le réseau psycho-médico-social d'intervention. Cependant, si ce besoin est manifeste, il ne faut pas, selon nous, leur demander qu'ils y consacrent beaucoup de temps, ni espérer qu'ils s'investissent personnellement. Ils recherchent davantage un apprentissage passif (conférences, cours de recyclage...); quant aux supervisions, elles sont peu réclamées. Ainsi, si l'on désire mettre sur pied des programmes d'information dans le domaine de l'abus sexuel, ces programmes pourraient, selon certains, être intégrés à des journées de recyclage auxquelles ils sont souvent conviés. Toutefois, la majorité semble davantage intéressée par des brochures reprenant un ensemble «prémâché» d'informations, de conseils et de «recettes». Ils suggèrent par ailleurs que soit dispensé, aux étudiants en médecine, un cours spécifique qui leur permettrait d'aider les familles à résoudre les problèmes d'éducation sexuelle en général. Quant à nous, nous pensons surtout nécessaire d'amener les médecins à une meilleure compréhension du fonctionnement des structures œuvrant dans le domaine de l'abus sexuel d'une part et, d'autre part, de les préparer à collaborer plus efficacement avec les autres professionnels de la santé et avec les instances judiciaires.

3.3. Pluri-disciplinarité et concertation

Face à la complexité des situations, aux risques de trop grande implication personnelle, à la multiplicité des facettes de l'intervention et aux limites respectives de chacun, les intervenants sont, comme nous venons de l'évoquer, conscients du fait que, non seulement il leur faut développer leurs compétences propres et exploiter de manière optimale les ressources de leurs services, mais que, le développement de collaborations pluri-disciplinaires au sein même de l'institution ou entre institutions est le garant d'une intervention efficace.

La collaboration pluri-disciplinaire ou le travail de concertation inter-institutionnel autour d'un cas clinique, entre tous les protagonistes présentement impliqués ou qui pourraient l'être dans un futur proche, peut créer l'occasion d'un temps et d'un lieu de réflexion propice au développement d'une action mieux adaptée. En effet, la collaboration va permettre une évaluation plus fine tenant compte de l'enfant et de sa famille dans sa globalité clinique, psychique, sociale, économique, de tenir compte de manière plus systémique des relations entre les membres de la famille, des liens familiaux et des éventuels dysfonctionnements trans-générationnels. Elle permet de confronter diverses hypothèses sur les ressources, les capacités à participer à un projet thérapeutique, sur la façon dont la famille a compris les différentes mesures mises en place en amont par les intervenants, sur les réussites et échecs pour la famille des interventions antérieures. Elle permet, par ailleurs, de clarifier la question des attentes, des motivations et des objectifs réciproques. La collaboration amène plus facilement à tenir compte du contexte de vie, du réseau de solidarités existantes et à les exploiter au mieux.

Grâce à la collaboration pluri-disciplinaire, les décisions prises peuvent être plus cohérentes et les stratégies d'action plus concertées. Le risque d'interventions multiples et disparates, en tout cas dommageables pour la famille et pour l'enfant, peut être limité et on intègrera de manière moins contradictoire les éventuels acteurs judiciaires, sanitaires et sociaux dans l'intervention thérapeutique et l'accompagnement. En résumé, la collaboration contribue à développer une approche spécifique à chaque situation et permet de dépasser les modèles établis.

Outre ce rôle de clarification et d'élucidation de cas cliniques, le travail en équipes pluri-disciplinaires et les concertations inter-institutionnelles, peuvent répondre à d'autres objectifs. Parmi ceux-ci, nous retiendrons l'information et la formation en matière d'abus sexuel (échanges de connaissances, de nouveaux concepts, de modes d'intervention...), la recherche plus générale sur la problématique, la réflexion sur le sens de l'intervention, l'éthique...

Enfin, la constitution de groupes pluri-disciplinaires et inter-institutionnels sur base géographique, nous l'avons vu, peut être une réponse positive dans la dynamique de l'intervention.

Cependant, comme l'exprime très justement Crivillé, «*L'intervention à plusieurs, rendue nécessaire du fait de la complexité de ces situations d'enfants maltraités, permet une réflexion plus approfondie et plus riche et évite la prise de positions arbitraires, **mais elle demeure difficile à mettre en place et à gérer pour lui conserver son rôle dynamique et constructif dans l'élaboration des décisions**[4].*» (Crivillé, 1987, p. 106).

Un ensemble de conditions préalables doivent, nous semble-t-il, être requises si l'on veut rendre ces collaborations, qu'elles soient pluri-disciplinaires ou inter-institutionnelles, efficaces, et si l'on veut tenter d'aller au-delà de la simple constatation sur la redondance des difficultés rencontrées en la matière. Pour ce faire, il nous faut avoir continuellement à l'esprit la question du sens de la pluri-disciplinarité, de la complémentarité des fonctions, de la hiérarchie des niveaux de compétence, des principes et des règles de la communication.

D'une manière générale, la pluri-disciplinarité doit s'inscrire au niveau des pratiques et non uniquement des principes comme c'est encore souvent le cas. Il faut que la pluri-disciplinarité au sein des institutions soit réelle et non le résultat d'une polyvalence occasionnelle de chacun pour les besoins de la cause (personnel déplacé lorsqu'il y a surcharge dans tel ou tel secteur) ce qui entraîne un flou inacceptable dans les attributions, «tout le monde fait tout et n'importe quoi», sérieusement préjudiciable tant pour les familles que pour l'équipe elle-même. Cela suppose avant tout que chaque professionnel soit bien éclairé et informé sur les principes qui sont à la base de son travail ainsi que sur les obstacles qui peuvent parsemer sa route; qu'il ait une vision claire et précise du rôle qu'il doit jouer au sein de son institution et avec d'autres intervenants; qu'il connaisse les rouages des institutions en jeu de façon à discerner les complémentarités possibles; qu'il n'empiète pas sur le domaine de l'intervention des autres et ne fuie pas non plus les responsabilités qui lui sont propres.

Des rivalités, des conflits et des divergences d'opinion peuvent exister et sont à gérer non seulement au sein d'une équipe mais aussi et a fortiori entre intervenants d'institutions différentes. L'appartenance à des institutions et à des disciplines diverses ne garantit pas de facto le bon fonctionnement pluri-disciplinaire ou inter-institutionnel; les mêmes risques et les mêmes écueils que ceux de l'intervention individuelle (contradictions, manque de recul, conflits d'écoles ou de logiques d'action) peuvent être reproduits, voire parfois amplifiés.

Il s'avère, par ailleurs, qu'il n'est pas toujours facile de relativiser les priorités, chaque intervenant de chaque institution estimant que son action est prioritaire et que l'engagement doit être total (aussi bien sur le plan personnel que sur le plan de l'institution).

« En général tous les "sévices" provoquent de grands émois dans les réseaux d'aide. Or, comme constante, ces situations finissent par drainer peu à peu une panoplie d'aidants venant d'institutions différentes, ayant des politiques, des idéologies, des encadrements aussi spécifiques les unes que les autres. Toutes posant "au nom de" leur originalité, de leur vocation, des cloisons devenant parois bien étanches le plus souvent, même si cette conséquence n'est pas réellement recherchée. Ce qui est le plus souvent oublié c'est l'analyse de l'ensemble de la situation, l'analyse de ce qui se joue entre les différents systèmes institutionnels et bénévoles : ces différents systèmes s'intriquent profondément, avec une illusion d'autonomie collaborante au départ et beaucoup d'espoir, d'aider cette famille. Ou encore ils se heurtent ou se violentent involontairement en défendant leur point de vue et leur cohérence tout à fait légitime et logique à leurs yeux bien sûr! » (Lebbe-Berrier, 1991, p. 72).

La nécessaire cohésion des interventions n'implique pas forcément l'unanimité, ni des certitudes communes à tous les intervenants.

La retransmission de l'information est impérative lorsque l'on travaille en relais et en collaboration. Le passage et la transparence des flux d'informations tant au sein d'une même équipe, d'une même institution qu'entre institutions différentes sont des gages de confiance et des atouts importants particulièrement dans les situations de transfert de cas où un deuil doit se faire.

L'intervention implique un engagement : *«Notre engagement est un engagement moral de vérité. Cela veut dire qu'on peut établir une relation de confiance et qu'on avance ensemble. L'échec, c'est quand quelqu'un disparaît et qu'on est sans nouvelles, ou que la relation est biaisée et qu'il y a perte de confiance*[5].*»*

«Si notre perception des gens dépend en grande partie de ce que nous recevons en retour (feed-back) comment ne pas déshumaniser ceux qui nous déshumanisent en ne tenant pas compte de notre présence, de nos efforts, de nos conseils?» (Pines, 1982).

Dans cette même optique, il faut songer à la nécessité de l'évaluation qui s'avère certes être le problème «bouteille à encre» dans le genre de situations qui nous occupent. Il faut toutefois rechercher des outils spécifiques et fiables pour évaluer l'intervention auprès des enfants et des familles, ceci permettra de déceler les actions porteuses et contribuera vraisemblablement à valoriser le travail des intervenants et à atténuer le risque de burn-out.

4. UNE PRÉOCCUPATION CENTRALE : LA FORMATION

Au vu des analyses, nous pouvons nous rendre compte que les difficultés et les besoins de formation occupent une place prioritaire dans les préoccupations des professionnels. Pour six types d'institutions (institutions d'hébergement, centres d'accueil et d'animation, centres de santé mentale et autres centres de consultation, travailleurs médico-sociaux, équipes SOS et PMS-IMS), les difficultés relatives au manque de formation sont citées le plus fréquemment parmi l'ensemble des difficultés.

Par ailleurs, des formations spécifiques en matière d'abus sexuel semblent manquer à tous les types de professionnels; ce manque est évoqué de manière récurrente et quel que soit le propos abordé. Presque à l'unanimité, les gendarmes manifestent une volonté de se former. De même, près de la moitié des travailleurs médico-sociaux de l'ONE ainsi que ceux des Services d'Aide à la Jeunesse désirent une formation spécifique. Il faut par ailleurs remarquer que près de la moitié des équipes spécialisées de la Communauté française, pourtant reconnues comme formées et compétentes pour gérer ces situations d'abus sexuel, réclament des informations et formations complémentaires en la matière.

4.1. Des contenus et des formes

Des analyses plus fines permettent de préciser davantage ce que les intervenants attendent comme types de formations quant à leurs contenus et leurs formes. La **dimension psychologique** de l'abus sexuel est mise en exergue par les intervenants qui insistent largement sur la nécessité d'une formation en la matière : « apprendre à connaître les facteurs psychologiques et la dynamique qui anime l'abuseur », « les caractéristiques psychologiques des enfants abusés et des familles à risque », « les conséquences de l'abus à court et à long termes pour l'enfant », ... Les intervenants attendent d'être formés à l'écoute de l'enfant et de la famille. Ils nous ont fait part de leur envie d'apprendre ou de se perfectionner aux techniques d'entretien, d'une manière générale et de manière plus spécifique, de pouvoir mieux dialoguer avec les familles « déniantes » ou qui manifestent peu une demande d'aide.

> « Comment mettre en mots ce qu'un enfant a vécu alors qu'il est peu maître du langage ? » — « Comment ne pas induire des réponses chez l'enfant ? » — « Que demander ? » — « Que dire et comment le dire ? » — « Comment établir le dialogue ? »

Enfin, les intervenants attendent d'une formation en matière psychologique de mieux pouvoir contrôler leurs affects qui dans certains cas les paralysent ou les empêchent de gérer la situation avec le recul nécessaire.

> « Formation personnelle au niveau de la maîtrise de soi. » - « Comment être réellement objectif ? » — « Apprendre à se déculpabiliser. »

Ce type de formation est recherché plus spécialement par les intervenants des centres d'inspection médicale scolaire, les juges de la jeunesse, les substituts, les travailleurs médico-sociaux, les gendarmes et les policiers. Les centres de planning familial, les équipes SOS, les services de protutelle et de placement en familles d'accueil manifestent également un intérêt dans ce sens.

Puis, l'intérêt des intervenants se focalise sur le thème de la prévention. En effet, la majorité des intervenants interviewés manifestent une demande en ce sens. Ce type de formation recouvre le domaine de la prévention stricto sensu à savoir être informé ou formé pour tenter, à différents niveaux, de prévenir les situations d'abus sexuel, mais aussi, il recouvre vraisemblablement, pour certains intervenants, le thème du « diagnostic » et du « dépistage » de ces situations.

« Comment peut-on prévenir l'abus sexuel au sein des familles ? » - « Apprendre à reconnaître les signes qui dans le comportement ou le discours permettent de dire que l'enfant est abusé. »

Les demandes de formation sont également orientées vers une meilleure « connaissance du réseau social » : quelles structures spécialisées existent en matière de diagnostic, prise en charge et traitement de l'enfant, de l'abuseur et de la famille ? Les répondants veulent aussi cerner davantage le fonctionnement des collaborations déjà mises sur pied et des réseaux d'aide sociale déjà en fonction.

« Connaître les autres institutions. » — « Savoir plus clairement qui fait quoi pour être efficace. »

Les écoles et les médecins généralistes sont prioritairement demandeurs. Les services de protection judiciaire, les substituts, les juges de la jeunesse, les services de protutelle ou de placement familial recherchent aussi ce type d'information. Par contre, les services de pédiatrie et autres services médicaux manifestent moins d'intérêt à l'égard d'une information sur la connaissance du réseau social et la manière de s'y intégrer.

Des désirs de formation en matière de législation sont également exprimés par certains intervenants. Ils attendent d'être informés sur les divers articles de la loi pénale et protectionnelle en vigueur en Belgique et sur les apports de la jurisprudence. De même, ils veulent comprendre le fonctionnement de l'appareil judiciaire et notamment les raisons de la lenteur du processus judicaire. Ils veulent discerner les compétences spécifiques des juges et des avocats. Cette demande de formation en matière de législation a été formulée par un cinquième des intervenants et plus particulièrement par les travailleurs médico-sociaux, les médecins généralistes et certaines équipes spécialisées.

De manière plus disparate, des demandes de formation **en matière de thérapie** ont été formulées, le plus souvent, par les intervenants des équipes spécialisées et les travailleurs médico-sociaux qui souhaitent être formés plus spécifiquement à l'analyse transactionnelle, à l'approche systémique et à la thérapie familiale. Lorsque les intervenants sont désireux de recevoir une information ou une formation d'ordre médical, il s'agit surtout pour eux de mieux connaître les signaux d'alarme et les examens médicaux et gynécologiques que l'enfant devra subir en cas de suspicion d'abus sexuel. De même, ils souhaitent être renseignés sur les dommages physiques considérés comme preuve fiable d'un abus sexuel.

Un nombre restreint d'intervenants sont demandeurs d'une information en épidémiologie, voulant connaître l'étendue du problème en Belgique et dans les autres pays. Ils manifestent de l'intérêt à l'égard des pratiques institutionnelles en cours dans les pays voisins ou reconnus comme particulièrement à la pointe de la réflexion sur la thématique de l'abus sexuel.

Pour les intervenants contactés, la formation doit être avant tout dispensée sous forme de réunions de professionnels en groupes restreints et de séminaires où les participants sont mis en situation (jeux de rôle, études de cas...) permettant des implications affectives.

La supervision apparaît dans les réponses des intervenants comme un important moyen de formation principalement pour les professionnels des centres de planning familial, des équipes spécialisées SOS, des centres de santé mentale et autres centres de consultation et pour les travailleurs médico-sociaux. La supervision apparaît comme une importante ressource «pour faire la part des choses», «pour voir clair dans les logiques d'action», «pour surmonter l'envahissement par l'émotion» et «pour apprendre à ne pas se faire manipuler par la famille». Il peut s'agir à la fois d'une supervision stricto sensu par une personne extérieure, d'une intervention au sein de l'équipe ou simplement, pour certains, du recours à une personne ressource. Cette supervision doit être régulière, gratuite et «à portée de main» soit dans l'institution même, soit extérieure mais possible au moment même où le besoin s'en fait sentir.

La formule «congrès» (colloque, conférence...) est moins fréquemment évoquée. Le cas échéant, les intervenants demandent, en tout cas, des exposés clairs, concrets et qui cernent de près leur problématique de terrain.

«Les congrès, c'est de la connerie ; si c'est pour entendre les universitaires se congratuler entre eux, non merci !»

Les demandes de formation découlent donc directement du champ d'action des divers types d'intervenants et sont en corrélation directe avec les difficultés qu'ils rencontrent. La plupart des intervenants insistent sur l'adéquation de la forme au contenu des formations : la formation à l'écoute et à l'approche de l'enfant et de sa famille, fortement plébicitée, nous l'avons vu, ne peut être dispensée qu'à travers des réunions de professionnels, des séminaires où l'implication personnelle est privilégiée alors que des informations en épidémiologie ou législation pourraient, quant à elles, être diffusées sous forme de cours ex cathédra. Toutefois, on note des desiderata spécifiques pour certains types d'intervenants, comme nous avons déjà eu l'occasion de l'évoquer.

4.2. Une philosophie

Etre expérimenté en matière d'abus sexuel ou avoir bénéficié d'une formation spécifique antérieure, n'élimine pas nécessairement pour autant, le fait de rencontrer des difficultés en matière d'intervention dans les situations d'abus sexuel.

D'une manière générale, il est donc essentiel si on veut aider, soutenir et conforter les professionnels dans leur pratique actuelle de prendre sérieusement et judicieusement en considération leurs attentes en matière d'information et de formation et de rencontrer les désirs qu'ils ont exprimés quant au contenu, à la manière de l'organiser et quant au cadre dans lequel elle doit s'insérer.

Toutefois, si une formation de base et une formation continue spécifique s'avèrent nécessaire pour tous les professionnels directement impliqués dans l'intervention en matière d'abus sexuel, pour certains types d'intervenants de première ligne (médecins généralistes, enseignants...) plus rarement confrontés à ce problème, il n'en va pas tout à fait de même. La formation doit leur permettre de contribuer valablement à la détection d'un abus sexuel et à en faire le signalement le plus adéquatement possible. En effet, pour ce type d'intervenants, il ne s'agit pas d'être à même ou d'être formé à pouvoir apporter la preuve de la réalité des faits, à obtenir les aveux de l'abuseur, à assumer une thérapie. Il s'agit davantage de leur faire acquérir les « bons réflexes » qui permettront de ne pas passer à côté d'éventuelles situations d'abus sexuel, de leur apprendre à être vigilants aux signes qui peuvent les alerter, de leur faire savoir quels appuis ils peuvent trouver auprès des institutions spécialisées, à quelles collaborations ils peuvent recourir afin que d'autres professionnels prennent le relais dans l'intervention et la prise en charge. En effet, de la qualité de leur écoute et de leur transmission des informations dépendra l'intervention ultérieure.

Si certains intervenants ne sont pas conscients des limites de leur rôle et ont donc des attentes démesurées en matière de formation, d'autres, par contre, semblent plus réalistes.

> « Il faut informer et former les enseignants à l'écoute et à la vigilance mais pas pour la prise en charge, là n'est pas leur rôle. »

Dans ce sens, on peut aussi penser que l'information ou la formation doit viser à démystifier utilement des représentations de l'abus sexuel comme « on ne rencontre les situations d'abus sexuel que dans les milieux défavorisés », « les adolescentes sont abusées parce qu'elles provoquent »... Et ce afin que les intervenants ne passent pas à côté de certains cas ou au contraire ne tombent dans le piège de la stigmatisation ou de la mythomanie de l'abus sexuel.

Intervenir dans les situations d'abus sexuel demande à la fois des capacités d'écoute, de compréhension et de prise de distance par rapport à la situation. Et c'est, nous avons pu nous en rendre compte dans ce qui précède, à la fois une des principales difficultés mises en exergue par les professionnels même les plus spécialisés et un domaine dans lequel une formation spécifique fait encore très souvent défaut. Dans l'ouvrage *L'inceste, comprendre pour intervenir*, Crivillé et son équipe mettent en évidence ce même phénomène.

Nous ne pouvons décrire ici les différentes facettes des programmes de formation à envisager pour ceux qui se trouvent plus souvent confrontés à des situations d'abus sexuel, retenons toutefois quelques principes essentiels.

Soulignons avant tout la nécessité de développer des programmes en fonction des différents objectifs que poursuivent d'une part les institutions concernées et d'autre part les différents membres des équipes qui œuvrent dans ces structures.

Formation et supervision doivent en tout cas viser à ce que l'intervenant, parallèlement à l'expérience acquise sur le terrain, progresse dans la compréhension du phénomène, dans la manière de l'aborder et acquière de façon générale davantage d'habilité pour la communication, l'assertion et la résolution de problèmes. Formation et supervision doivent permettre de mieux cerner les blocages, obstacles et difficultés pouvant naître de l'attitude des familles (déni, refus d'aide, manipulation...), des limites institutionnelles (pression, idéologie, mythe...), du fonctionnement de la collaboration inter-institutionnelle, de ses a priori, de ses peurs, de sa propre représentation de l'abus sexuel ou de sa profession, de ses propres valeurs, croyances, attentes. Formation et supervision doivent l'amener à voir plus clair dans ses logiques d'action et à améliorer, éventuellement, le sens de son intervention. Formation et supervision peuvent contribuer à diminuer le burn-out dans la mesure où elles permettent à l'intervenant de trouver la limite nécessaire entre le recul et le désinvestissement face aux situations d'abus sexuel, ce qui lui évite de se «blinder», de «fonctionner en routine» et de n'être ainsi plus créatif.

« *"Etre au front" est un art, demande des stratégies, des méthodes, des techniques, des capacités de réponses ou de non réponse rapides... des capacités de haute performance, de haute voltige et donc des filets de sécurité (...). Etre au front, c'est être en risque, c'est donc avoir besoin de sécurités à l'arrière.* C'est avoir besoin de développer ses compétences à l'intervention sociale d'une situation de crise que peut vivre une famille "malmenant" ses enfants ou que l'on violente par notre entrée dans la famille "au nom d'un signalement pour sévices".» (Lebbe-Berrier, 1991, p. 70).

Formation et supervision doivent enfin viser à faire entendre qu'il n'y a pas de «recettes miracles», pas de façon unique de procéder en matière d'intervention dans les cas d'abus sexuel et qu'il s'agit bien plus pour l'intervenant en situation d'acquérir un savoir, un savoir faire et un savoir être car, rappelons-le, la complexité de la problématique, la multiplicité des pratiques des intervenants de terrain, la diversité et la spécificité des difficultés rencontrées s'opposent à toute approche unilatérale et monolithique.

La règle d'or dans l'état actuel des expériences et des savoirs est avant tout d'éviter tout dogmatisme : «*C'est progresser par approximations successives, par tâtonnements, par corrections des erreurs, sans tomber dans le piège si fréquent, de "l'erreur de sous-estimer l'erreur"*. (E. Morin)» (Lebbe-Berrier, 1991, p. 68).

NOTES

[1] Cette citation comme toutes les citations reprises dans ce chapitre émane de l'analyse qualitative du discours des intervenants : Bernard Françoise, Meyer Joëlle, Porto Margarida, *L'intervenant et la problématique de l'abus sexuel. Analyse qualitative des questionnaires et interviews*. Document N° 2, Université de Liège et Université Libre de Bruxelles, 1994, 114 p.
[2] Burn-out : terme anglais (to burn = brûler). Processus de combustion lente; désordre qui, dans sa progression en vient à aliéner la personne humaine, souvent attribué au stress vécu dans le milieu du travail, pouvant être d'origine relationnelle, plus fréquent chez les professionnels amenés à répondre aux demandes d'un client et semblant se produire le plus souvent chez des personnes qui s'engagent avec trop d'intensité dans une ou plusieurs sphères de leur vie si bien qu'elles en viennent à nier leurs propres besoins et à ne plus respecter leurs valeurs personnelles (synthèse de définitions apparaissant dans la littérature).
[3] Beeckmans Véronique, Burnay Nathalie, Pasleau Jean-Pierre, *Les intervenants et l'abus sexuel intra-familial : représentations sociales et interactions. Analyse quantitative des questionnaires et interviews*. Document N° 1, Facultés Universitaires Notre Dame de la Paix de Namur, 1994, 179 p.
[4] Souligné par nous.
[5] Ces propos sont extraits de l'ouvrage collectif, *Accompagnement social et insertion*, Syros, Paris, 1995, 285 p. (p. 47).

Chapitre 4
L'enfant victime d'abus sexuel intra-familial

Yves-Hiram HAESEVOETS
Fabienne GLOWACZ

La famille, dans sa principale fonction psychologique, occupe une place prépondérante dans les processus psychiques de ses membres.

Aire transitionnelle, ou microcosme social, la famille est le lieu naturel et culturel où l'enfant paraît. Nouée à un axe transgénérationnel et intergénérationnel, et structurée selon des lois, règles et frontières, elle est le point d'ancrage où convergent l'intrapsychique (l'inconscient et l'archaïque), l'individuel (le psychologique et l'inter-relationnel) et le collectif (la Société, son histoire et sa culture). Dès lors qu'elle revendique le secret et protège son intimité, la famille moderne peut laisser se manifester en son sein ce qui est interdit à l'extérieur par la société. La famille est le véhicule de mythes transgénérationnels où peuvent venir se greffer tant les pathologies individuelles que les troubles du lien. Lien de sang, lien de vie, d'amour, de haine, ou de folie, ... la constitution d'une famille est une opération qui comporte certains risques.

L'idée de base d'un système familial abusif ou pathologique repose sur l'existence d'un sujet-objet, « symptôme » d'un trouble du système familial. A l'intérieur de son système, l'enfant sexuellement abusé, désigné comme tel, est hypersensible à la complexité des inter-relations abusives qui le font réagir sur un mode pathologique. Pouvant manifester des troubles intra-psychiques ou relationnels, l'enfant abusé est surtout l'enjeu d'un système familial particulier, organisé autour de transactions violentes, perverses ou incestueuses (intrusion, symbiose et possession). L'excitation répétitive (interaction pathogène) de son champ sexuel peut aboutir chez l'enfant au sentiment d'être dépossédé de son propre contrôle sur lui-même et de ses propres désirs.

Dans un système abusif ou pathologique, ce qui est «loi» hors de la famille ne l'est pas à l'intérieur. Des règles souvent secrètes, voire inconscientes, organisent les transactions intra-familiales. Ces lois internes sont mises à mal dès lors que la famille est confrontée avec la réalité socioculturelle extérieure, ou lorsque la rigidification de ces transactions produisent des symptômes visibles à l'extérieur. Ces règles non dites (hors langage) sont d'autant plus incrustées et efficaces, qu'elles ne sont pas repérées et donc impossibles à remettre en question. D'ailleurs, une famille qui organise le fonctionnement psychique de ses membres, à partir de règles absolutistes ou perverses, se laisse rarement pénétrer par les lois qui régissent la Société. Dès lors, le système familial structure et sécrète sa propre pathologie et les souffrances individuelles qui en découlent.

A moyen ou à long terme, une minorité d'enfants enkystent leur souffrance, comme si tout leur devenait progressivement indifférent, très peu s'engagent dans la voie de la révolte qui peut se transformer en conduites destructrices, mais la majorité d'entre eux se retiennent de vivre, en laissant transparaître à qui veut bien les capter des signes d'angoisse et de culpabilité.

1. L'ENFANT ABUSÉ, VICTIME OU ENJEU D'UN SYSTÈME FAMILIAL

1.1. Le système familial abusif : caractéristiques psycho-dynamiques et sociales

Le système familial abusif repose principalement sur la banalisation et la normalisation des interactions abusives. Ce type d'interactions, en tant que mode particulier de communication, sont souvent décrites dans les situations rapportées par l'analyse des dossiers. Que l'organisation de ce système soit promiscue, chaotique, indifférenciée, injuste, totalitaire, usurpatrice, rigide ou absolutiste, les membres de la famille sont aliénés aux principes insensés qui régissent les rapports humains en son sein. Selon les circonstances, qu'elles soient unies, triangulaires simples, monoparentales, éclatées, enchevêtrées, divisées, ou recomposées, ces familles peuvent comprendre différents types d'inceste. Père/fille, père/fils, frère/sœur, demi-frère/demi-sœur, beau-père/belle-fille, beau-père/beau-fils, grand-père/petite-fille... les relations incestueuses entre membres d'une même famille constituent le pivot autour duquel le système essaye de maintenir en équilibre son homéostasie. Au sein d'une famille abusive, la conspiration du silence s'instaure en véritable système de communication. Il s'agit d'une sorte de mythologie familiale qui se tait où le secret dont elle se nourrit garantit sa survie.

Parce qu'elles ne sont ni identifiées, ni reconnues, ni symbolisées et encore moins sublimées, les souffrances intra-familiales et transgénérationnelles circulent entre chaque membre de la famille. Quiconque a souffert, fait souffrir et identifie sa propre souffrance à celle de l'autre ; ainsi le scénario abusif se répète et provoque le dysfonctionnement du système. L'étude des dossiers est particulièrement attentive à ce **phénomène transgénérationnel** qui sous-tend le système abusif ; dans la plupart des cas d'inceste père/fille ou beau-père/belle-fille, un des parents au moins a connu une situation d'abus sexuel au cours de sa jeunesse (enfance ou adolescence). Mais l'histoire des protagonistes d'une situation abusive n'est pas toujours rapportée en relation avec une éventuelle expérience abusive et il s'avère impossible d'évaluer l'incidence d'un passé incestueux sur le système familial actuel.

La plupart des situations rapportées par l'étude des dossiers concernent des systèmes familiaux traditionalistes rigides, dirigés par un père ou beau-père autoritaire et absolutiste ; ainsi dans onze situations d'abus sexuels *confirmés* concernant un inceste père-fille, un seul abuseur est décrit comme passif et dépendant. Ces familles patriarcales ou matriarcales se caractérisent par l'enfermement doctrinal, un certain totalitarisme intérieur, l'interchangeabilité de ses membres, l'inversion des rôles et les ruptures relationnelles répétées.

Le déplacement du partenariat sexuel représente le point d'ancrage du système abusif, au sein duquel les frontières générationnelles sont floues, non respectées ou inexistantes, l'intimité sexuelle peu consistante et les inégalités entretenues. Des carences répétées à différents niveaux et des troubles de l'organisation hiérarchique viennent compléter cette description générale de la famille abusive.

Dans un tel contexte familial, le parent non abuseur (la mère) se retrouve en situation de rivalité avec l'enfant abusé(e), lequel ou laquelle est lié(e) au parent abuseur par le secret qui maintient sous silence l'activité abusive. Dans les cas rapportés par les dossiers, les mères sont souvent décrites comme distantes ou affectivement ambivalentes à l'égard de l'enfant abusé(e), du moins au moment des faits.

La dynamique du système abusif et du secret est dès lors confondue avec un modèle figé de transactions déshumanisées qui correspondent à une véritable **écologie de l'abus de pouvoir sur l'enfant**. Cet abus de pouvoir est intrinsèquement lié à la transgression. A travers l'analyse des dossiers, on constate que les abuseurs (pères, beaux-pères, frères ou grands-pères) n'ont pas intégré la notion d'interdit; certains ne reconnaissent pas les faits comme relevant d'un abus sexuel, justifient leurs actes ou sont convaincus que l'enfant était consentant; d'autres n'éprouvent aucun sentiment de culpabilité.

Le passage à l'acte incestueux est concomitant à la transgression d'un tabou profondément ancré à la culture humaine. Ce tabou est une barrière contre l'inceste et correspond à une symbolisation influencée par le vécu psychologique.

L'appareillage psychique et intellectuel sophistiqué dont l'être humain est pourvu lui permet d'adopter toute une série de mécanismes de défense contre l'inceste qui jouent un rôle déterminant sur l'élaboration de bons scénarios œdipiens, l'épanouissement de l'individu et son bien-être au sein de sa famille, les interactions au sein de la famille, et les rapports de la famille avec le groupe humain.

Hormis le fait que le sujet victime d'abus sexuel présente des symptômes intrapsychiques à des degrés divers, l'inceste engendre également des défaillances du système familial qui se manifestent sur au moins six niveaux :
– La régression sociale au sein de la famille ;
– La perturbation en profondeur de la dynamique familiale ;
– L'absence de frontières entre les générations ;
– La vulnérabilité de la cohésion familiale ;
– La désignation de l'enfant comme symptôme ;
– La transmission d'un trauma.

1.2. Rôle et statut de l'enfant abusé dans son système familial

Face à l'abus sexuel, **l'enfant perd son statut d'enfant**, pour devenir, de manière privilégiée, exclusive ou particulière, la victime d'un abus de pouvoir adulte, et/ou le partenaire d'une relation qu'il n'a pas désirée.

Selon les circonstances, la gravité de l'abus et la constellation de son système familial abusif, l'enfant est amené à jouer différents rôles plus ou moins pathologiques. L'analyse des dossiers montre que la gravité de l'abus sexuel est essentiellement caractérisée par le degré de coercition, les menaces, le forçage violent, les actes de pénétration, la durée et fréquence de l'activité abusive, dans des contextes où les transactions du système familial sont violentes ou perverses.

L'enfant peut être dès lors l'objet sexuel d'un père pédophile, immature et infantile. «**Adultifié**», il peut remplacer sa mère absente ou inconsistante auprès d'un père autoritaire et régressif, qui envisage son enfant comme un partenaire sexuel à part entière. Dans la plupart des dynamiques abusives rencontrées à travers l'analyse des dossiers, l'enfant représente soit **le substitut d'une personne défaillante**, soit la compensation d'une situation frustrante ou insupportable, passée ou actuelle. Ainsi par exemple, dans certaines situations de disputes ou de ruptures conjugales, il doit parfois jouer le rôle de réparateur ou de soutien à l'égard d'un père déprimé qui n'a pas fait le deuil d'une séparation ou d'une perte.

Objet, l'enfant abusé est à la fois **victime de l'omnipotence et de la jouissance paternelles** et de l'indifférence maternelle. Ses parents, son père en particulier, s'octroient tous les droits sur sa personne. L'analyse des dossiers montre l'incidence des troubles de la conjugalité sur la dynamique familiale et son impact sur les interactions abusives dont l'enfant est victime. Dans la majorité des cas étudiés, des troubles relationnels et sexuels plus ou moins importants au sein du couple parental sont rapportés soit par le parent abuseur comme justification de ses passages à l'acte, soit par le parent non abuseur comme prétexte à son silence.

Ayant perdu son statut, l'enfant s'efface en tant que **sujet**, et peut, dans certains conflits d'exercice du droit de visite/droit de garde, faire l'objet d'un odieux chantage affectif de la part de l'un de ses parents. Il est alors désigné comme médiateur d'une situation conflictuelle, ou/et fait l'objet de stratégies à des fins diverses. Ainsi, dans certaines situations de divorce et d'allégation douteuse, il est sacrifié par sa mère qui lui dénie le droit d'aimer son père. Incompris, parce qu'il souffre de la séparation parentale et qu'il capte l'agressivité maternelle, il lui arrive d'exprimer son désarroi sous forme de conduites sexuelles aberrantes qui excitent les angoisses de sa mère. Ce phénomène d'érotisation de l'agressivité éveille l'inquiétude de la mère qui soupçonne et soutient avec conviction l'existence d'un abus sexuel.

Constaté à travers l'analyse des dossiers, dans des contextes où la négligence grave et la violence caractérisent les transactions familiales, l'enfant peut être pris comme bouc-émissaire, y compris sexuellement.

L'enfant peut également **jouer un rôle de parent** de son (ses) parent(s) ; il doit à la fois gérer l'infantilisme pervers de son abuseur et la surdité ou la paresse psycho-affective de sa mère.

De la **victimisation** à la participation, en passant par l'**accommodation**, l'enfant ne joue pas un rôle d'enfant. Dans certains cas, il perd même la notion de jeu. Souvent prisonnier d'un système d'accommodation qui se transforme, à son insu, en un véritable syndrome, il s'adapte à l'abus sexuel qu'il subit. Il adopte des stratégies de survie, adhère à la doctrine abusive, justifie les actes abusifs et opte pour une personnalité qui n'est pas la sienne (faux-self). A travers une relation qui risque de lui nuire à long terme, l'enfant devient autre, objet, jouet, acteur, ou falsificateur de lui-même, et compromet sa propre identité. Selon les cas étudiés dans l'analyse des dossiers, le syndrome d'accommodation a été mis en évidence ; ainsi, dans dix-sept situations d'abus sexuels *confirmés*, ce syndrome est intimement lié à la chronicité de l'abus sexuel et à l'enkystement des symptômes chez l'enfant.

Le niveau de participation de l'enfant à la relation abusive et le plaisir ou les bénéfices secondaires qu'il pourrait en retirer sont relativement plus difficiles à discerner. Le plaisir que l'enfant aurait pu éprouver est peu ou pas repérable dans les discours rapportés à travers les dossiers. L'ignorance de l'interdit et une certaine curiosité sexuelle de la part de l'enfant sont mentionnées comme pouvant induire des conduites sexuelles ambiguës, lesquelles sont mal interprétées ou exploitées par l'adulte.

Dans certains systèmes familiaux, l'abus sexuel place l'enfant dans une situation particulière et privilégiée par rapport à sa fratrie et/ou à sa mère. Cette place exclusive suscite de leur part rejet et jalousie, et envenime les inter-relations familiales. Dans ces situations, dont la plupart correspondent à des incestes plus ou moins chroniques, le couple incestueux, constitue une coalition, un sous-système familial, qui s'oppose au reste de la famille ou qui fonctionne en autarcie : «*Il en est du couple incestueux comme de la famille avare ; ils s'isolent automatiquement de ce jeu consistant à donner et à recevoir, à quoi se ramène toute la vie de la tribu : dans le corps collectif ils deviennent un membre mort ou paralysé.*» (Devereux, cité par Lévi-Strauss, 1967).

1.3. L'enfant victime d'un héritage transgénérationnel

La **transmission transgénérationnelle d'un traumatisme sexuel précoce** est à l'origine de plusieurs études cliniques et théoriques (Ferenczi, 1982; Gaddini, 1983; Cole & Woolger, 1989; Agostini, 1989; Jaoul, 1991; Gabel, 1992). Les antécédents familiaux d'abus sexuels, la tendance à la répétition d'interactions pathologiques et la transmission des liens entre générations, la volonté intuitive de renoncer à la différence des générations et l'incapacité à gérer cette différence entretiennent ce processus transgénérationnel.

Nous avons constaté à travers l'analyse des dossiers que l'enfant est pris comme jouet érotique de l'adulte selon un processus de passage de la « tendresse curative » à une « super tendresse non-chaste ». L'adulte exploite le besoin naturel d'affection de l'enfant, d'autant plus facilement qu'il représente l'autorité et l'amour parental. L'adulte rend l'enfant coupable de lui devoir une supposée dette, une dette de vie. L'enfant est la chair de la chair de son parent à qui il doit la vie et le droit d'exister. **La relation incestueuse se structure ainsi autour d'une dette** : perdre ou gagner, l'enfant est obligé de jouer au jeu incestueux.

Lorsque l'abus sexuel apparaît dans des familles à problèmes multiples, chroniquement dysfonctionnelles, les conflits et les crises se succédant, les **échanges violents** sont vécus comme habituels, hérités des générations précédentes. Ces familles, rencontrées à travers l'analyse des dossiers, sont généralement perturbées sur leur propre **axe transgénérationnel** et souffrent de troubles de la communication.

La majorité des parents abuseurs décrits dans l'analyse des dossiers ont été gravement négligés, maltraités ou abusés au cours de leur enfance. Ils portent le fardeau des blessures liées à leur propre histoire et n'ont pas réussi à intégrer une image parentale suffisamment bonne. Ainsi, notre étude des dossiers confirme l'existence fréquente de mauvais traitements et de carences majeures dans l'enfance des parents. Ils n'ont pas acquis la fonction parentale, et leur contrôle pulsionnel est pauvre. Ils s'identifient, de manière rétroactive, à leurs propres parents violents, abuseurs ou négligents. Le parent, ainsi perturbé, attend de son enfant reconnaissance, tendresse, réparation et abnégation. L'enfant n'a pas le droit de le décevoir, sinon, il devient le mauvais objet de sa frustration et la cible désignée de ses réactions hostiles, abusives et perverses.

On comprend d'autant mieux que si les deux parents ont vécu le même genre de situations traumatisantes, les risques pour l'enfant d'être abusé augmentent (Coulborn-Faller, 1989). Cette confluence de traumatismes trouve son point d'émergence au niveau de l'enfant abusé.

D'un point de vue historique, les parents reproduisent des messages de type abusif, qu'ils ont hérité de leurs propres parents. L'inertie sociale et/ou l'absence de prise de conscience entretiennent l'histoire du parent abuseur marqué par les carences graves, l'inadéquation psycho-affective, les frustrations et les sévices sous diverses formes. L'accumulation répétée de ces frustrations engendre la fragilisation de sa personnalité qui semble dominée par une immaturité, le rendant incapable d'investir son enfant en tant que sujet et de reconnaître ses besoins réels et fondamentaux, tant sur le plan somatique, psychique que relationnel.

Le parent abuseur perçoit une «force» qui le pousse à abuser de son pouvoir et à violenter son propre enfant. Cette force engendre des interactions violentes qui déstabilisent les membres de la famille, déjà fragilisée par d'autres facteurs. Cette force secrète possède sa logique interne et résiste à la remise en question. Elle est transmise de générations en générations.

L'abuseur fait de l'enfant un objet soumis à la peur, à la privation et à l'humiliation. Ces sévices permettent au parent abuseur de renouer, par enfant interposé, la relation de rivalité et de haine avec l'un ou l'autre de ses propres parents. Par identification au parent agresseur et soumission à un objet d'angoisse qu'il érotise, le parent abuseur retrouve pour un temps son éphémère toute-puissance. Le parent ayant connu, dans sa propre enfance, la menace, la passivité et la soumission, peut se transformer en adulte menaçant, actif et abuseur.

L'enfant abusé représente en quelque sorte le «double narcissique de son parent» (Crivillé, 1986). Le rejet par son propre parent et le désir d'amour déçu affectent en profondeur la **personnalité du parent abuseur**, il s'agit de détruire l'enfant qui est en lui, par le biais du passage à l'acte abusif en tant qu'acte de loyauté envers son propre parent dont la blessure d'amour est refoulée. Cette loyauté est envahissante, totalitaire et perverse. Ce type de **coalition transgénérationnelle** rigidifie les structures et le fonctionnement du système familial.

Il existe plusieurs **failles transgénérationnelles** qui font dysfonctionner la famille à transactions abusives. Ces failles engendrent des conflits interpersonnels insolubles et gravitent autour de problèmes complexes de sécurité-protection des membres de la famille, d'autonomie, d'ouverture et de légitimité. La constellation familiale est mise en orbite autour de ces nœuds problématiques où s'enchevêtrent et se réactualisent les difficultés passées rencontrées par les parents des parents abuseurs.

Cette constellation confine l'enfant à un **rôle rigide** qui est fondamental pour l'équilibre, précaire, du système familial. La symptomatologie abusive de la famille repose alors sur le principe du bouc-émissaire ou de la victime sacrificielle. Celui qui subit les sévices dépend de tout et ne peut s'individuer. L'enfant est ainsi obligé de répondre aux attentes d'ordre relationnel et/ou sexuel du groupe familial. Sa **loyauté au groupe familial**, au clan, se manifeste à travers les actes, les paroles et le comportement de l'enfant dont les réponses se rigidifient, d'une manière masochique ou automatique.

On constate en effet que l'enfant abusé, parfois très jeune, développe un «masochisme relationnel et sexuel très conformiste qui lui permet de survivre à l'abus sexuel». A l'adolescence et à l'âge adulte, cet état de soumission à l'autorité sexuelle perdure et risque de reproduire les mêmes conditions (circonstances et protagonistes) de victimisation et/ou d'accommodation.

L'**accommodation aux sévices**, dont on connaît la pathogénie, est fondamentale au «bon fonctionnement» du système abusif et à sa reproduction à la génération suivante. La répétition rigide de ces scènes pathologiques obéissent à des règles secrètes, ou inconscientes, qui enrayent le processus de changement et alimentent la pérennité du jeu interactionnel violent.

1.4. L'enfant abusé à l'intérieur de sa famille : caractéristiques psycho-dynamiques

« Si l'enfant se remet d'une telle agression, il en ressent une énorme confusion : à vrai dire, il est déjà clivé, à la fois innocent et coupable, et sa confiance dans le témoignage de ses propres sens en est brisée. (...) La personnalité encore faiblement développée réagit au brusque déplaisir, non par la défense, mais par l'identification anxieuse et l'introjection de celui qui la menace ou l'agresse.» (Ferenczi, 1982, p. 131).

On ne peut aborder le profil psycho-dynamique de l'enfant abusé sans évoquer l'impact de l'abus sexuel sur l'ensemble de sa personnalité, et le contexte dans lequel survient le traumatisme sexuel précoce.

En outre, dégager un profil de personnalité de l'enfant abusé, à travers des situations aussi complexes que particulières, exige des connaissances cliniques approfondies et des moyens d'investigation variés et fiables. L'approche clinique des caractéristiques psycho-dynamiques de l'enfant abusé doit être éprouvée au regard des données actuelles rapportées par la littérature scientifique.

Chaque enfant est dépositaire d'une structure de personnalité en cours de maturation qui se manifeste selon plusieurs axes d'organisation interne. A chaque enfant correspond une personnalité singulière et individuelle. Lorsqu'un enfant est victimisé sur le plan sexuel par un membre de sa famille, on peut postuler que la structuration même de sa personnalité, traits et caractéristiques, est relativement compromise, plus ou moins sérieusement, à court, à moyen et/ou à long terme.

Les variables suivantes peuvent influer à des degrés divers sur la personnalité de l'enfant victime :
- le contexte et les circonstances familiales de l'abus ;
- sa durée, fréquence, et nature ;
- l'installation et la progression de la situation abusive ;
- les stratégies adoptées par l'abuseur ;
- la proximité relationnelle entre l'enfant et son abuseur ;
- le climat et l'ambiance abusive ;
- le degré de pression, de coercition et de violence ;
- le maintien du secret et la durée du silence ;
- le niveau d'implication, de participation, de protection et de soutien du parent non abuseur ;
- le processus de révélation-dévoilement et les réactions de l'entourage ;
- les suites du dévoilement et l'adéquation du système d'intervention.

Tant l'abus sexuel que sa révélation mettent l'enfant à rude épreuve, perturbent son potentiel et son énergie intrapsychique, et épuisent ses ressources psychologiques. Indépendamment de la gravité des faits, l'abus sexuel peut avoir un effet sidérant sur les pulsions de vie de l'enfant. Afin de survivre à la situation abusive, la victime doit en effet mobiliser des mécanismes de défense qui biaisent l'expression de sa personnalité. Cette utilisation de moyens défensifs exige une dépense d'énergie psychique aux dépends d'autres fonctions psychologiques, telles que la verbalisation, la mentalisation, l'imagination, la fantasmatisation, la créativité et la symbolisation, qui sont fondamentales à la structuration de la pensée.

La plupart des histoires rapportées dans les dossiers montrent que la prégnance de l'abus sexuel est telle que la plupart des enfants sexuellement abusés sont aliénés à une vie quotidienne pauvre en sens. L'enfant qui vit une situation incestueuse s'y laisse souvent prendre à partir d'une quête affective (le langage de la tendresse) qui rencontre chez l'adulte un désir passionnel prohibé et non refoulé (le langage de la passion). La réalisation de ce désir abolit la distance nécessaire à l'individuation de l'enfant et à son développement global. Au risque d'éprouver une angoisse de morcellement ou d'anéantissement, l'enfant se défend en évitant de comprendre. A cette fin, il élabore des mécanismes de survie qui maintiennent l'événement réel hors de portée du champ de la mentalisation (scotomisation de la réalité et clivage du moi). L'abus sexuel est un non-sens existentiel, notamment parce que l'enfant abusé est capté par « *la violence du désespoir ou le contresens d'une pulsion de mort* » (Begoin, cité par Bigras, 1987).

La personnalité de l'enfant abusé est tributaire de **mécanismes identificatoires**. Dès lors qu'il doit faire face à une sexualité imposée ou excitée par un personnage adulte, son registre d'entendement est rendu confus et ses points de repères sont brouillés. Et lorsqu'il est confronté à son passé traumatique, à travers une nouvelle expérience relationnelle et/ou sexuelle, il récupère les mêmes mécanismes symptomatiques défensifs qu'il avait l'habitude de mobiliser, lorsqu'il était molesté. Cette reviviscence du vécu traumatique replonge la victime dans un système d'accommodation qui engendre une variété de symptômes post traumatiques.

L'enfant, à des fins de survie, qui s'adapte à la situation et à sa condition de victime, peut développer un **Syndrôme d'accommodation** (Summit, 1983). L'enfant vit une réalité terrifiante entretenue par le secret. L'abus sexuel n'arrive que lorsqu'il est seul avec l'adulte et ne doit pas être partagé avec qui que ce soit. L'enfant est autant victime de l'abus que des stratégies adoptées par l'abuseur pour maintenir secrète cette liaison dangereuse. L'enfant se trouve dans une relation d'autorité à l'adulte, à qui il doit obéissance absolue et montrer de l'affection. Il a également appris à se méfier du monde extérieur, et à ne jamais se plaindre. Il finit par accepter la situation et survivre, au prix d'un renversement de ses propres valeurs morales et de remaniements psychiques dommageables pour sa personnalité. Sa personnalité ainsi clivée l'empêche d'accéder à la réalité de l'abus sexuel. Lors d'une éventuelle révélation, il peut être amené à se rétracter par peur de conséquences catastrophiques.

Réduit au silence et incapable de se révolter, l'enfant pris comme otage de sa propre famille peut développer un véritable **Syndrome de Stockholm** (Skurnik). Loin de se plaindre de son sort, l'enfant épouse par identification, l'idéologie de son abuseur, et refuse tout autre point de vue, allant jusqu'à refuser l'aide qu'on lui propose. L'enfant s'identifie ainsi à son abuseur et fait alliance avec lui, à la condition qu'il se trouve dans un grand état de détresse consécutif à une réaction d'effroi, accompagné d'un effondrement des barrières défensives, et qu'il développe un sentiment de perte d'estime à l'égard de soi.

La caractéristique psychologique la plus commune et la moins évoquée est le **blocage de l'enfance**. En effet, interdit d'enfance et de parole, la victime se manifeste par une incapacité à jouer et une pseudo-précocité dans la relation et le discours (personnalité pseudo-mature). Les attitudes grossièrement séductrices et les propos maladroitement « adultoïdes » trahissent l'enfant victime d'un abus sexuel.

L'enfant abusé, non seulement, perd son enfance et oublie qu'il est un enfant, au point de voir son narcissisme naturel se ternir. Son goût pour l'imaginaire, le fantastique et le ludique disparaît, les cauchemars prennent le pas sur les rêves et la pensée onirique. Son corps puéril est atteint dans sa chair la plus intime et l'empêche de poser un regard authentique sur lui-même. La faille narcissique s'élargit et la blessure symbolique détériore sa propre image. Cette blessure masque la réalité que la victime perçoit comme hors d'elle. Cette distorsion de l'image corporelle produit des sentiments de persécution, de dégoût, de souillure, de honte, de rejet de soi, de mépris et de haine.

La perte de l'amour propre entraîne des troubles relationnels, des problèmes d'adaptation sociale et des conduites d'évitement. Tout rapport à l'autre, vécu comme abuseur potentiel, est compromis. L'appauvrissement intérieur s'accompagne d'une désaffectisation relationnelle qui peut se transformer, à moyen et à long termes, en comportements asociaux ou délinquants, en incapacité d'insertion socioprofessionnelle, et en troubles plus ou moins importants de la vie sexuelle et affective.

Selon Hayez, bien que la personnalité de l'enfant abusé ne se réduit pas à une vignette clinique, elle peut se résumer comme étant celle d'un «*enfant clivé, résigné à l'inceste, qu'il accepte comme son destin, et tentant vaille que vaille de vivre à côté, comme l'enfant de la guerre, mais avec en plus, la vague impression d'être responsable de la chute des bombes (...) la structuration d'ensemble de la personnalité de l'enfant en sort rarement indemne (...) le retour régulier de l'acte réel empêche l'enfant de refouler et ses désirs incestueux et sa culpabilité indéfiniment ravivés; il se doit de rester sur une sorte de qui-vive; il ne peut guère sublimer son énergie vitale dans des investissements sociaux : sa personnalité reste foncièrement inachevée et sa soi-disant maturité, son conformisme, sa "sagesse" ne sont que des superstructures précaires (...)*» (Hayez, 1991, p. 24 et 41).

1.5. Impact(s) de l'abus sexuel sur l'enfant

Dès lors qu'un enfant est abusé sur le plan sexuel à l'intérieur de sa famille, par un proche parent, il peut être confronté aux phénomènes psycho-dynamiques suivants :
- l'intrusion physique et sexuelle qui génère des blessures symboliques ;
- les sentiments de culpabilité qui entretiennent le processus de victimisation ;
- les sentiments de peur qui s'expriment à travers la terreur, l'angoisse et les cauchemars ;
- la dépression comme révélatrice d'une souffrance aiguë ;
- le manque d'estime de soi qui induit la perte de l'amour propre ;
- les troubles relationnels qui entraînent des problèmes de sociabilité ;
- les sentiments de colère et d'hostilité qui se retournent parfois contre soi ;
- l'incapacité de faire confiance ;
- la pseudo-maturité qui produit un discours adultoïde et une parentification du comportement ;
- la sexualisation précoce (traumatique) qui induit des conduites sexuelles inappropriées ;
- la confusion psychique intimement liée à l'inversion des rôles générationnels ;
- le trouble de l'identité, avec clivage du moi ;
- le blocage des processus psychiques qui vient enrayer la pensée et le raisonnement ;
- l'absence de limites entre le corps et les territoires ;
- les mécanismes d'identification à l'abuseur par introjection ;
- la reproduction des attitudes abusives sur la génération suivante.

La fréquence et la durée de l'abus, les attouchements avec pénétration, le recours à la menace, à la force ou l'usage de la violence et la relation de proximité avec l'abuseur sont souvent évoqués en tant qu'éléments les plus néfastes en matière d'effets à long terme sur l'enfant. Ces variables ont été prises en considération dans l'analyse des dossiers. La prévalence élevée de rupture conjugale et de psychopathologie parmi les parents d'enfants abusés ne nous permet pas de déterminer l'impact spécifique de l'abus sexuel en relation avec les effets d'un environnement familial perturbé. Toutefois, dans l'analyse des dossiers, nous avons tenté de mettre en évidence, à travers quelques vignettes cliniques, des constellations familiales aussi différentes les unes que les autres, lesquelles reflètent une certaine pathogénie des liens et des rapports intra-familiaux.

Les conséquences d'une situation abusive vécue par un enfant sont pluri-factorielles, contextuelles et interactives. Afin de mieux comprendre l'impact d'un abus sexuel, il faut analyser sa symptomatologie comme une organisation psycho-dynamique complexe qui possède ses propres régulations internes et externes. Le traumatisme sexuel dépend d'un ensemble de variables qui s'intriquent les unes aux autres et qui peuvent affecter l'évolution développementale, psychologique, affective, socio-dynamique de l'enfant abusé. L'intrication de symptômes anciens (spécifiques à l'enfant et/ou à son système familial), des conséquences relatives à l'abus sexuel et des réactions post traumatiques forment un amalgame qu'il n'est pas toujours possible de dissocier à travers l'étude des cas rapportés dans les dossiers. La réponse de chaque enfant au stress de la victimisation sexuelle dépend, entre autre, de son ou de ses expériences précédentes, positives ou négatives, de leur résolution, de la manière dont les événements traumatiques anciens ont été intégrés, des potentialités psycho-dynamiques du sujet. Toutefois, l'impact d'un abus sexuel sur un enfant, en termes de réactions, conséquences et séquelles, varie qualitativement et quantitativement même si certaines constantes peuvent être relevées.

Comme pour tout événement stressant de la vie, il faut éviter d'établir une relation confirmée de cause à effet entre des réactions, des conséquences ou des symptômes, et une situation d'abus sexuel intra-familial.

L'abus sexuel est presque toujours une expérience néfaste, déconcertante, bouleversante, destructrice ou traumatisante, principalement parce que l'exploitation sexuelle recouvre un degré de stimulation ou d'excitation bien supérieur à ce que l'enfant est capable d'éprouver, d'appréhender ou d'assimiler.

Les troubles cliniques d'un abus sexuel ne sont pas toujours repérables ou apparaissent longtemps après les faits. Les déséquilibres les plus importants ne sont pas les plus nombreux. L'analyse des dossiers, ainsi que de nombreuses études cliniques, montrent que seuls les cas connus permettent d'effectuer une évaluation. Il semblerait que l'absence d'effets négatifs sur l'enfant entraînerait moins de divulgation. Dans l'étude des cas rapportés à travers les dossiers, les symptômes manifestés par l'enfant déclenchent parfois le processus de révélation. Dans certains cas, le secret est conservé par la victime elle-même et les symptômes ne sont pas toujours rapportés en relation avec l'expérience abusive. L'analyse des dossiers montre bien que le repérage des signes cliniques, même effectué par des spécialistes, n'est pas une entreprise facile ; et que dans plusieurs situations (quarante-cinq dossiers sur un total de cent vingt-deux), l'incertitude prévaut par manque d'indices et/ou de conviction cliniques.

L'évaluation de **l'impact de l'abus sexuel** à l'égard de l'enfant doit tenir compte des variables suivantes :
- son âge réel et son degré de maturité psychoaffective ;
- son niveau de mentalisation ;
- son écologie évolutive normale, son bagage personnel, sa « richesse intérieure » ;
- son degré de vulnérabilité ;
- sa biographie personnelle ;
- son rôle dans l'interaction abusive ;
- son niveau de maîtrise de soi ;
- ses interactions sociales ;
- sa conscience du monde et de lui-même ;
- sa place, son rôle et statut au sein de sa famille ;
- ses sentiments, émotions, réactions et attitudes ;
- ses potentialités réparatrices.

L'impact de l'abus sexuel sur l'enfant peut être abordé en relation avec :

- **l'âge de l'enfant**

Un enfant peut être victime d'abus sexuel à n'importe quel âge, et la clinique des abus sexuels attire de plus en plus l'attention sur l'importance de l'âge de la victime en tant que prédicteur de psychopathologie. Les très jeunes enfants victimes d'abus sexuel manifestent surtout des troubles comportementaux et des conduites sexuelles anormales. Les enfants d'âge préscolaire présentent plus particulièrement des cauchemars, de l'angoisse, des signes dépressifs, quelques préoccupations d'ordre somatique, des conduites régressives, des troubles de la conduite sexuelle, de l'agressivité labile, des déficits du développement. Les enfants d'âge scolaire manifestent plus de signes de dépression, des angoisses phobiques, des sentiments de manque de confiance, de dégoût, de colère et de haine, des traits de parentification, une faible estime de soi, des problèmes narcissiques ou d'identité, des phobies, des sentiments profonds de culpabilité, l'impression d'être différent des autres, de la pseudo-débilité, des troubles du sommeil. Avec l'âge, les troubles sont de plus en plus incrustés, surtout chez les jeunes adolescent(e)s, qui montrent des signes majeurs de dépression, une image de soi dévalorisée, des troubles identitaires, des blocages émotionnels importants, des conduites asociales et autodestructrices. Chez les adolescent(e)s plus âgé(e)s, les troubles plus actifs se démultiplient et accentuent la détresse psychologique souvent accompagnée d'idées mortifères, d'idéation suicidaire, de passages à l'acte, des troubles de la sexualité, de conduites asociales ; à l'adolescence, le risque de grossesse n'est pas à négliger. Sur le plan de la maturité psychoaffective, on remarque que les enfants « retardés » présentent plus de risque d'être abusés, et qu'un abus sexuel peut contribuer à détériorer les capacités cognitives d'un enfant.

– **Le degré de gravité de l'abus sexuel**

La violence ou/et la coercition, la durée et la fréquence de l'abus, la nature de l'acte sexuel ont un impact déterminant sur la sévérité de l'abus sexuel et sa symptomatologie. Certains enfants sont plus perturbés par la violence que l'abus sexuel lui-même. La violence vécue sur le plan physique ou sexuel est parfois l'élément déclencheur de la révélation. Les enfants abusés subissent toute sorte de pressions qui accentuent leur troubles. La souffrance émotionnelle n'est jamais proportionnelle à la souffrance physique, et même si certains abus laissent des traces observables, la plupart n'entraînent pas de lésions repérables au moment de l'examen clinique. Si la violence ou le forçage physique sont inducteurs de l'hostilité, de la colère et de la haine, la séduction produit également des sentiments négatifs qui entretiennent les symptômes chez l'enfant. Lorsque l'abus sexuel est de longue durée et fréquent, qu'il est installé comme mode de transaction entre l'adulte et l'enfant, et que les rapports sexuels sont sévères (accompagnés de pénétration orale, vaginale ou anale), les symptômes risquent de se chronifier et de s'enkyster, à plus ou moins long terme.

– **Le niveau de participation de l'enfant à l'activité abusive**

Un degré plus important de participation à l'activité abusive peut impliquer des sentiments de culpabilité plus ancrés à l'idée d'avoir retiré un bénéfice secondaire ou d'avoir ressenti ou donné du plaisir pendant la relation. Le rôle, passif ou actif, de l'enfant dans la dynamique abusive peut l'amener à adopter des stratégies de survie et des mécanismes de défense plus ou moins symptomatiques. Le syndrome d'accommodation lui permet de trouver un compromis psycho-dynamique entre sa situation d'otage familial et celle d'esclave sexuel(le). Plusieurs facteurs peuvent conduire un enfant à participer à une interaction sexuelle avec un adulte : le manque de maturité, d'expérience, la curiosité sexuelle infantile, la faiblesse physique et psychologique, les carences psychoaffectives, la naïveté, la séduction, la recherche de privilèges, le désir de contacts physiques, la confiance aveugle, l'attirance naturelle envers un adulte distributeur de caresses...

– **La proximité relationnelle avec l'abuseur**

Les séquelles d'un abus sexuel seraient d'autant plus sévères que l'auteur de l'abus est un proche parent. L'analyse des dossiers, comme la plupart des études, montre que l'impact psychologique de l'abus est plus important lorsque l'abuseur est connu de l'enfant. Les sentiments de confusion générationnelle, qui fragilisent son degré d'entendement, amplifient les conséquences et influencent les réactions symptomatiques de l'enfant. D'après la littérature, l'inceste père/fille produit les conséquences les plus graves sur l'équilibre psychique. La relation beau-père/belle-fille est relativement analogue en termes de conséquences, mais l'effet de la consanguinité sur l'interaction abuseur-abusé y joue moins le rôle d'interdit (de l'inceste). Les stratégies adoptées par les pères abuseurs sont différentes de celles des beaux-pères ou des concubins.

– **Les attitudes du parent non abuseur**

Les conséquences d'un abus sexuel sur l'enfant seraient moindres si l'attitude du parent non abuseur, pendant les faits d'abus sexuel et/ou au moment de leur révélation, était adéquate, protectrice et affectueuse. Tant les abus où la mère est psychologiquement sourde aux appels de son enfant, que ceux où elle est passivement ou activement complice, entraînent chez la victime des séquelles relativement importantes. La qualité psychoaffective de la dynamique relationnelle mère/enfant est fondamentale à la compréhension de la symptomatologie de l'enfant abusé.

– **Les antécédents et les indices de vulnérabilité présents dans l'anamnèse de l'enfant**

Certaines carences, certains troubles et événements antérieurs à l'abus sexuel contribuent à fragiliser l'enfant. Depuis sa conception jusqu'au début de l'installation de l'abus sexuel, un ensemble de facteurs de vulnérabilisation risquent de prédisposer l'enfant à un certain niveau de victimisation. On suppose dès lors qu'il existe une relation entre la symptomatologie de l'enfant victime d'abus sexuel et les facteurs de risque présents dans son anamnèse personnelle. Sur fond d'histoire chargée en événements troubles ou douloureux, l'abus sexuel apparaît à un moment où l'enfant a atteint un certain degré de vulnérabilité qui l'empêche de réagir autrement que par des symptômes plus ou moins significatifs. Il est impossible d'établir des relations de cause à effet entre les facteurs de stress présents dans l'anamnèse de l'enfant et l'installation d'un abus sexuel, mais il semblerait que le processus abusif ne commence pas à n'importe quel moment de la vie de l'enfant. L'enfant abusé est plus vulnérable, et présente éventuellement plus de séquelles, lorsqu'il a déjà subi une agression sexuelle antérieure à celle qui a motivé la révélation et l'intervention. Il y aurait une relation entre les indices de vulnérabilité et les moyens défensifs propres à l'enfant.

Nous constatons également que tous les enfants sexuellement abusés ne manifestent pas toujours des signes cliniques révélateurs. Toutefois, de nombreuses études effectuées par des chercheurs de différents pays, à partir de populations variées (enfants, adolescent(e)s, femmes adultes, anciennes victimes, ...) démontrent qu'un abus sexuel vécu dans l'enfance est une expérience qui est néfaste au développement intrapsychique et psychosocial d'un sujet donné. Certains auteurs affirment que l'absence de symptômes et de culpabilité est un signe de gravité.

Les séquelles à court terme portent surtout atteinte à l'évolution psychoaffective et sexuelle de l'enfant (Beitchman, 1991). Les séquelles à moyen et long terme entravent surtout les identifications, qui sont fondamentales à la structuration de la personnalité (Brière & Runtz, 1988 ; Edwards & Donaldson, 1989). Peu abordé dans la littérature, le trouble à long terme le plus étonnant, pouvant être observé chez des femmes ayant été victime d'inceste, est le non désir d'enfant qui mène parfois à un déni de grossesse, à l'abandon de l'enfant, à l'infanticide et/ou au suicide maternel (formation d'impulsions infanticides chez des mères à partir des expériences incestueuses de leur enfance).

Comme le montrent la plupart des recherches, y compris l'analyse descriptive des dossiers, ce sont **les troubles de la sexualité** qui sont les plus évocateurs de l'abus sexuel. Tant chez le jeune enfant qui manifeste des conduites sexuées inadaptées que chez l'adolescent(e) qui sexualise le contact social ou qui reproduit des comportements de promiscuité sexuelle. L'enfant abusé a d'ailleurs une tendance à répéter ce qu'il a vécu de la scène traumatique, principalement parce qu'il s'est identifié à son abuseur. Il peut évoquer implicitement ou explicitement l'abus sexuel à travers ses jeux avec ses pairs ou des poupées, en dessinant, ou lors d'une interaction avec un adulte. Certains jeux sexuels peuvent également recouvrir une allure abusive et faire penser à un abus sexuel.

La levée du secret au moment de la révélation peut être bénéfique à l'enfant à condition que la réaction du parent non abuseur soit adéquate, et que la mise en place du système d'intervention soit efficace en termes d'écoute bienveillante et de protection. La complexité de ce moment particulier qui amorce le démarrage de la prise en charge peut entraîner des conséquences inattendues. L'enfant peut être soulagé et entrevoir la fin d'un cauchemar. Il peut également se stresser d'avantage et voir son état psychologique se dégrader. La cessation de l'abus ne signifie pas la disparition des signes cliniques; d'autres troubles concomitants à la révélation ou au processus du dévoilement peuvent apparaître.

Alors qu'il est mis un terme à l'abus sexuel, l'enfant, ou l'adolescent(e) peut continuer à manifester, à moyen et/ou à long terme, des **symptômes post traumatiques**. Ces *post traumatic stress disorder* (Goodwin, 1985; Deblinger, 1989; Klajner-Diamond, 1987; Wolfe, 1989) relèvent de la ré-expérimentation morbide en relation avec l'abus sexuel, de la réminiscence sous forme de flash back, de comportements d'évitement, et d'hyper-vigilance anxieuse entraînant des troubles du sommeil. Les symptômes s'intègrent de manière interactive aux autres caractéristiques de la personnalité de l'enfant abusé. Ils sont soit actifs, soit en veilleuse, et peuvent se déclencher à contretemps, selon les circonstances, au moment de l'adolescence ou à l'âge adulte.

Le repérage des symptômes concerne donc toutes les sphères d'activité et recouvre l'ensemble de la nosologie psycho-pathologique. Du somatique à l'intrapsychique, en passant par le relationnel et la psychosomatique, l'expression symptomatologique consécutive à l'abus sexuel est aussi variée que complexe. De tendance névrotique, psychotique ou perverse, les troubles peuvent correspondre à des plaintes somatiques, des conduites autodestructrices, des angoisses dépressives, des troubles du sommeil, des comportements anorexiques ou boulimiques, des phobies, de l'impulsivité agressive ou sexuelle, des conduites asociales, ... L'ensemble de ces symptômes sont rapportés dans les discours retranscrits dans les dossiers, et nous permettent de faire une estimation relative à l'impact de l'abus sur l'enfant. Cependant, cette estimation est tributaire de la qualité diagnostique et du degré de précision des informations.

Il faut ajouter que la plupart des cliniciens s'accordent sur le fait que l'ensemble de ces signes cliniques sont des réactions normales, voire saines, qui se manifestent chez tout sujet victime d'un traumatisme du même ordre, mais que ces facteurs traumatogènes *«altèrent les perceptions et les émotions concernant l'environnement et créent un traumatisme par distorsion de l'image propre qu'a l'enfant de lui-même, de sa vision du monde et de ses capacités affectives»* (Finkelhor, 1986).

2. L'ENFANT ABUSÉ : PAROLE ET DISCOURS

2.1. La parole de l'enfant, un cheminement de l'intime au social

Révéler-dévoiler, c'est découvrir l'intimité tragique de l'expérience abusive vécue par l'enfant, dont les propos jettent le discrédit sur sa famille et mettent en péril son intégrité.

L'enfant qui révèle des faits d'abus sexuels subis dans sa famille prend plusieurs risques à des niveaux différents. Il est l'unique «témoin» de ce qu'il a vécu et, de ce fait même, n'est pas toujours entendu ou cru. Le cheminement de la parole de l'enfant dans le processus révélation-dévoilement dépend principalement du statut qu'on lui accorde.

Le discours d'un enfant est corrélé à son degré de maturation intellectuelle et à son niveau d'expression parlée. L'âge de l'enfant, en relation avec son stade de développement joue un rôle important sur le niveau de compréhension de son interlocuteur. Sa mémoire des faits, son repérage spatio-temporel, son raisonnement logique, sa pensée et son imagination influencent la manière dont il rapporte les événements relatifs à l'abus sexuel.

Il arrive qu'en fonction du jeune âge de l'enfant, sa parole soit absente du contenu des informations recueillies par l'intervenant. Sa parole risque alors d'être subjectivée par celui qui la rapporte, surtout s'il s'agit de sa mère. L'accessibilité de la parole est plus aisée lorsqu'il est plus âgé, plus indépendant, et que son raisonnement logique est mieux développé.

Lorsque l'enfant est très jeune, il y a plus de chance que ses messages soient perçus par sa mère, à condition qu'elle soit disponible psychologiquement. Lorsqu'elle est plus impliquée affectivement dans sa relation à l'égard de l'enfant, la mère est éventuellement plus sensible, ou plus angoissable qu'une autre personne adulte. Elle représente alors l'interlocuteur privilégié de l'enfant. L'importance de la qualité psychoaffective du lien mère-enfant dans la genèse de la révélation est explicité en relation avec le degré de protectibilité du parent non abuseur. La mère joue un rôle majeur dans le cheminement de la parole de l'enfant. Le discours de l'enfant peut rester lettre morte si la mère n'y accorde aucune attention.

La parole de l'enfant trahit un secret de famille autour duquel se sont organisées l'emprise abusive et sa dynamique. Le secret est relatif à l'intime et entretient la relation abusive, au point d'en être son fondement. Ce secret protège la famille du regard extérieur et joue un rôle important dans le fonctionnement psychique de l'enfant. En révélant ce secret, l'enfant transgresse un nouvel interdit, celui de penser et d'en parler. La parole peut alors faire symptôme et rendre encore plus complexe l'accès à la vérité.

La parole interdite ainsi révélée est une parole pensée qui ouvre à l'enfant le champ du social et lui permet d'accéder à une autre loi que celle qui l'enfermait dans son carcan familial. Selon les contingences, soit il persiste dans ses déclarations, soit il se rétracte. Confrontée à ce véritable dilemme, la parole de l'enfant peut faire circuler sa pensée, à condition qu'elle rencontre un tiers vécu comme fiable et sécurisant.

Le cheminement de la parole de l'enfant est avant tout une quête de vérité et d'écoute. L'enfant est sur le fil du rasoir et jongle avec un secret qui peut percer à tout instant. Le passage de l'intime au social, en relation avec la dynamique du secret et son maintien, doit être envisagé comme une entreprise périlleuse et une expérience psychologiquement bouleversante. Libérer un secret, par le biais de la parole, n'est pas toujours libérateur, c'est parfois prendre des risques : représailles de la part de l'abuseur, perte de l'affection du parent non abuseur, angoisse de la vengeance maternelle, perte des êtres aimés (y compris l'abuseur), perdre son statut privilégié ou particulier, être placé, être puni, faire éclater sa famille, porter la responsabilité coupable de l'abus sexuel, passer pour un menteur, être montré du doigt, se sentir différent des autres...

L'enfant, qui tente de révéler un secret aussi pénible à garder, procède par **petits essais**, par petites touches, via des allusions, des lapsus, des conduites bizarres, des messages ou des signaux abstraits... Selon les circonstances et les personnes, de manière implicite ou explicite, consciemment ou inconsciemment, il essaye de faire passer quelques signes verbaux et/ou non verbaux. En révélant ce qu'il subit en son corps le plus intime, il dévoile au social quelque chose de quasi innommable. L'enfant est intimement convaincu que sa parole risque de ne pas être prise en considération, d'autant plus que ce qu'il a à dire est incroyable, voire non crédible, et très connoté sexuellement et émotionnellement. Il pense que ce qu'il subit n'arrive pas aux autres, puisqu'il n'a jamais entendu personne révéler de pareilles choses. La honte et la culpabilité, souvent entretenues par l'abuseur, biaisent l'entrée en matière du discours de l'enfant.

Ce **passage difficile de l'intime au social** nécessite une succession de mouvements, d'essais et d'annulations, et un moment privilégié avec un interlocuteur susceptible de capter l'information. Lorsque l'essai se transforme en révélation franche, il exige une dépense d'énergie psychique considérable. Une fois le secret mis en mots, alors qu'une part de lui-même l'empêchait de parler, l'enfant ressent un immense soulagement. Cependant, de manière concomitante à la révélation, une intense angoisse l'envahit, d'autant plus s'il est psychologiquement épuisé. L'enfant risque également de subir des pressions extérieures qui remettent en cause sa parole. Cette nouvelle agression est aussi nuisible à sa santé mentale que l'abus lui-même. Le phénomène de rétractation, souvent lié au syndrome d'accommodation, suit parfois de très près la révélation. Plus l'enfant a attendu, plus l'abus a duré et plus il est privé de parole. Au-delà de l'abus de pouvoir, l'abus sexuel est également un abus de discours et de pensée qui cantonne l'enfant dans un rôle muet. Le processus de révélation est parfois très lent et vulnérabilise ses mécanismes de défenses psychologiques. Certains symptômes peuvent alors se réveiller et entraver le discours de l'enfant et le processus de dévoilement.

De nombreux éléments viennent parasiter la crédibilité du discours de l'enfant et incitent l'interlocuteur à être sur la défensive et à douter. En effet, ces petits essais, ou tentatives de révélation, sont déguisés sous forme de mécanismes linguistiques de défense, des messages non verbaux, des fantaisies, de l'agressivité verbale, des agacements, ou des propos adultoïdes. Ces mécanismes expressifs, en relation avec l'âge de l'enfant, sont des tentatives qu'il faut essayer de traduire en tant que signes d'une certaine souffrance, afin d'éviter l'écueil du déni.

Toute **entreprise de révélation** est donc le cheminement d'une parole, souvent maladroite, qui tente de faire sortir le locuteur d'une relation d'emprise, laquelle garde prisonnier son véritable discours.

2.2. Discours de l'enfant abusé : opinions, perceptions et sentiments

Comprendre l'impact de l'abus sexuel sur l'enfant ne se réduit pas à la seule approche des aspects traumatiques. La souffrance de l'enfant peut être perçue à travers son discours duquel émanent opinions, perceptions et sentiments. En effet, l'enfant victime d'abus sexuel et qui s'exprime à ce propos n'aborde pas de manière systématique ce qu'il a vécu en termes de souffrance élective. Le sujet-enfant, parfois pris dans le discours des adultes, n'est pas toujours maître de son propre langage, d'autant plus que dans le contexte abusif, il s'est retrouvé prisonnier d'un silence obligatoire, accompagné soit de menaces, de manipulations, de pressions diverses, soit de violence.

La violence des sentiments blessent l'enfant, lequel, en fonction de son âge, est en mesure de comprendre la situation et la nature sexuelle de l'expérience abusive. L'ensemble de ces sentiments dysphoriques (autodépréciation, perte de l'estime de soi, manque de confiance, hostilité, dégoût, honte, haine, colère) qu'ils soient induits par une séduction invasive, des paroles menaçantes, des gestes déplacés, du forçage ou des sévices plus sadiques, engendrent un profond déplaisir. Infériorisé et frustré, l'enfant est «dénarcissisé». Ces sentiments dévastateurs et envahissants influencent le discours de l'enfant et l'empêchent d'avoir du recul sur lui-même et sur le monde qui l'entoure.

Le souvenir de l'expérience abusive et des personnes concernées réactive les pulsions de mort et les angoisses mortifères du sujet. Ainsi la plupart des victimes d'abus sexuel associent la violence, la sexualité et les angoisses de mort avec des sentiments de haine, de dégoût et de révolte. La violence des sentiments exprimés par l'enfant est souvent caractéristique du niveau relationnel intra-familial dont la qualité psychoaffective est compromise par le passage à l'acte abusif, et rend compte de l'ambiance chargée et du côté malsain de ce type d'interaction.

Les sentiments et opinions exprimés par l'enfant à l'égard de son abuseur sont essentiels à la compréhension de la relation abusive. Le discours de l'enfant met en évidence le climat de cette relation et son niveau de perturbation, et explicite ses réactions ou attitudes à l'égard de son abuseur.

On remarque que plus l'enfant a investi affectivement son abuseur, plus le risque de voir se transformer, se retourner ou s'inverser ses sentiments est important. L'enfant passe par des périodes d'ambivalence affective, d'amour et de haine, de passivité, de soumission masochique, de révolte, de plaisir et de dégoût, de peur, et de colère; ce qui accentue sa déstabilisation et son manque de confiance. La déception de l'enfant est d'autant plus grande qu'il est attaché affectivement à son abuseur.

Selon le niveau d'emprise sur sa personne et la proximité parentale de l'abuseur, l'enfant adopte différentes attitudes. Lors de la révélation, même lorsque la relation avec son abuseur est imprégnée d'affects positifs, l'enfant exprime des sentiments qui révèlent à quel point il est atteint dans son amour propre. Selon les circonstances, il est capable d'expliquer les manipulations affectives et stratégiques utilisées par son abuseur qui l'ont obligé à se laisser faire et/ou qui l'ont empêché de s'exprimer plus tôt. Toutefois, c'est avec beaucoup de culpabilité-responsabilité que l'enfant s'exprime au sujet de son abuseur. A la fois victime et coupable, l'enfant est aux prises avec ses propres mouvements identificatoires (identification à l'abuseur) et ses sentiments, parfois ambivalents, qui le privent d'esprit critique.

Lorsque l'enfant est moins engagé affectivement, même de manière ambivalente, dans une relation avec un adulte plus éloigné (un grand-père, un frère aîné ou un oncle), il adopte plus spontanément une attitude de rejet. Il exprime des sentiments de colère, de vengeance, de l'agressivité et le désir de ne plus voir son abuseur. Il parvient alors à révéler les faits de manière plus précoce et à faire cesser l'abus sexuel.

2.3. Crédibilité de la parole de l'enfant : doute chez l'intervenant ?

La notion d'enfant fabulateur est toujours d'actualité dans les mythes familiaux et sociaux. La possibilité d'un mensonge chez l'enfant préoccupe beaucoup les intervenants confrontés à des allégations de plus en plus nombreuses. Le mensonge et l'allégation frauduleuse ont déjà fait l'objet de plusieurs recherches qui amènent à se poser les questions suivantes : à quel âge survient le phénomène du mensonge chez l'enfant ? Pourquoi les enfants mentent ? Peut-on amener facilement des enfants à raconter des mensonges pour plaire à des adultes ? Sont-ils plus susceptibles que les adultes de croire leurs propres mensonges ? Les enfants fabriquent-ils leurs propres fantasmes pour supporter des situations traumatisantes ? Les enfants sont-ils capables de se souvenir de la réalité des faits de manière suffisamment précise pour faire déclarer coupable un présumé abuseur ? (Ekman, 1989).

Au regard de l'intervention en matière d'abus sexuel, il arrive parfois que des enfants mentent à propos d'une allégation ou/et soient victimes d'une machination et/ou le support d'une fabulation ; surtout lorsqu'il est démontré qu'un litige concerne le placement en garde de l'enfant et/ou l'exercice du droit de visite, que les parents séparés sont montés l'un contre l'autre et que des perturbations psychoaffectives entretiennent des propos et des fantasmes bizarres, ou provoquent des conduites aberrantes chez l'enfant.

Bien que les jeunes enfants fournissent moins de détails que les plus âgés, ils possèdent une bonne capacité d'évocation, mais semblent plus vulnérables aux suggestions des adultes (Ekman, 1989). La plupart des études montrent que l'enfant ne ment que rarement concernant l'abus sexuel, du moins dans les cas où le dévoilement est spontané (Coulborn-Faller, 1988 ; Jones, 1985 ; Mann, 1985 ; Berliner & Barbieri, 1984 : cités par Van Gijseghem, 1992). La majorité des enfants abusés ne fabulent pas, mais transforment ou omettent certains détails de leur vécu pour différentes raisons (Hayez, 1991).

Van Gijseghem (1992) rappelle l'existence de facteurs d'ordre affectif et cognitif qui viennent biaiser le récit de l'enfant : la certitude de ne pas être cru, la difficulté de tenir une fonction d'allégeance (ou d'accusation) dans une relation d'inégalité de statut, la difficulté de parler et de réitérer des propos d'allégation à l'encontre d'un adulte significatif, menaçant ou/et parfois aimé, le besoin d'oublier ou de censurer le contenu factuel de l'événement (l'expérience traumatique est inductrice d'autocensure, d'oubli et de refoulement), la censure est d'autant plus forte que l'événement (à connotation sexuelle) a eu lieu sur la scène du corps, le souvenir diminue progressivement avec le temps (plus grand est le temps écoulé entre les faits et leur récit, plus faible est la validité de ce récit), la suggestibilité (la mémoire et le souvenir sont contaminés par les informations entendues après les faits, telles des questions inductrices de réponses erronées), les particularités de la mémoire de l'enfant quant à la chronologie et au cadre temporel (la perception du temps chez l'enfant n'est pas séquentielle, mais événementielle), le traumatisme interfère sur la perception de la durée, la mémoire épisodique (factuelle) diminue au profit d'une mémoire de scénario, la culpabilité engendre l'incertitude quant à sa propre responsabilité dans les faits (risque de dilution des faits, de banalisation et d'omission), le stress de la situation de dévoilement produit des angoisses qui inhibent le discours. On peut dès lors comprendre la grande difficulté, exprimée par certains intervenants interviewés, à entrer en contact avec l'enfant ou à entamer un dialogue qui soit constructif comme cela a été développé dans le chapitre 1.

Même lorsque l'enfant est sous l'emprise d'un autre discours que le sien, ses propos sont porteurs de significations qu'il faut essayer de décrypter, plutôt que de nier.

Ne pas croire la parole de l'enfant, c'est l'obliger à rebrousser chemin et faire écran aux autres signaux qui s'inscrivent dans son histoire personnelle, laquelle comprend celle de l'abus. Lorsque l'interlocuteur recherche des certitudes, il doit mesurer le risque de faire basculer à nouveau l'enfant dans son silence. Le doute ou le manque de conviction clinique profite toujours à l'abuseur qui reprend à son compte les incertitudes. Lorsque l'enfant n'est pas cru par la personne à qui il confie son terrible secret, il risque de se replier sur lui-même, et de voir se confirmer les craintes qui l'avaient empêché de parler. Un grand nombre d'enfants abusés rapportent qu'ils ont fait plusieurs tentatives de révélation, mais sans résultat, notamment lorsque leur interlocuteur était leur mère, avec laquelle ils entretenaient une relation affective de mauvaise qualité.

Lorsque **le doute plane sur une allégation**, l'enfant est doublement victimisé ; par la non reconnaissance de l'abus sexuel qu'il a probablement vécu et qui est présent dans son discours, et par l'attitude de son entourage ou par les changements de son cadre de vie imposés par le système d'intervention. Aussi incertaine soit-elle, une allégation peut entraîner des modifications profondes dans l'existence de l'enfant, telle que par exemple la suppression du droit de visite exercé par le présumé abuseur.

S'abstenir devant le doute ? Sachant qu'un nombre important de variables interfèrent entre les faits et leur narration et peuvent parasiter la capacité de l'enfant à s'exprimer de manière cohérente, claire, consistante et crédible, l'intervenant doit adopter la pondération et la prudence, et envisager tous les cas de figure.

En règle générale, **le processus d'intervention** commence par une phase d'investigation et d'évaluation qui comprend au moins quatre principes fondamentaux :
– le recueil d'informations précises dans une atmosphère bienveillante, neutre et sécurisante ;
– l'analyse structurée de l'allégation, l'évaluation de la situation et l'élaboration d'un diagnostic provisoire ;
– l'instauration d'emblée d'une relation de confiance à visée thérapeutique, qui comprend la protection de l'enfant, son soutien psychologique, son émulation, voire son maternage (selon l'âge) ;
– le feed-back auprès de l'enfant des informations concernant le déroulement des opérations et la mise en place de la prise en charge.

Le démarrage d'une prise en charge adéquate se construit à partir d'une inter-relation enfant-intervenant saine. L'intervenant doit faciliter la communication à travers des échanges de bonne qualité affective. Moment intense sur le plan émotionnel, la crise du dévoilement, sur laquelle va se greffer le processus de prise en charge, est le point crucial, fondamental au bon fonctionnement du système d'intervention.

3. L'ENFANT ET LE SYSTÈME D'INTERVENTION

3.1. Quelle prise en charge ?

A chaque enfant rencontré dans un service, les conditions d'accueil et d'examen clinique sont différentes. L'ambiance, la qualité des relations humaines, les aptitudes professionnelles des intervenants, le cadre théorique et pratique, la logique ou la philosophie d'intervention et la fiabilité des outils diagnostiques définissent ce cadre. La durée de la prise en charge, le nombre d'entretiens avec l'enfant et avec les membres de sa famille, le degré d'implication responsable des personnes engagées dans ce processus peuvent être tributaires d'éléments incontrôlables qui viennent interférer avec l'efficacité de l'intervention.

C'est avec beaucoup de tact et de feeling clinique qu'il faut aborder, avec l'enfant, cette problématique délicate et douloureuse. L'enfant s'exprime avec ses mots et son corps. Si on peut soigner un corps, l'esprit lui risque de rester prisonnier dans un carcan de questions envahissantes ou d'idées «obsessives». Il existe plusieurs protocoles d'entretiens et techniques d'évaluations d'enfants victimes de sévices sexuels qui permettent de se repérer sur un plan à la fois théorique et pratique. La plupart de ces protocoles[1], qu'il faut adapter aux circonstances, sont élaborés à partir des principes généraux suivants :

– accueillir et rencontrer l'enfant dans un lieu de parole ;
– éviter la répétition tout en clarifiant la situation ;
– expliquer et informer : transparence de l'intervention ;
– déculpabiliser et soutenir ;
– libérer la parole et la pensée par la mentalisation ;
– respecter l'enfant, dans son rythme, son niveau de maturité et son désir ;
– adapter son langage à celui de l'enfant ;
– se montrer chaleureux, créatif ou/et ludique.

Parallèlement à la prise en charge de l'enfant, des rencontres individuelles et confidentielles avec les parents peuvent se mettre en place. Même s'ils les redoutent, peu de parents refusent les entretiens. Les pères suspectés sont plus réticents à se présenter à la consultation. Une menace d'en avertir les autorités judiciaires peut les convaincre.

Afin de gérer adéquatement cette procédure d'intervention, un cadre structurant est nécessaire. En relation avec la spécificité du travail de l'Équipe SOS-Enfants de l'hôpital Saint Pierre, l'étude des dossiers montre que dans leur grande majorité, les cas d'abus sexuels sont pris en charge à partir de l'hospitalisation de l'enfant abusé. Indépendamment de la durée du séjour à l'hôpital, dans sa phase d'investigation et d'évaluation cliniques, l'intervention de l'équipe vise d'emblée des objectifs thérapeutiques. Ces constatations nous amènent à une réflexion sur l'hospitalisation de l'enfant victime d'abus sexuel. L'hôpital, comme alternative, peut-il offrir un cadre adéquat ? Qu'elle soit brève ou prolongée, l'hospitalisation de l'enfant présumé abusé, facilite le travail d'investigation, d'évaluation diagnostique et de prise en charge, et permet d'accueillir l'enfant dans des conditions optimales. Le rôle de l'hôpital, dont l'ancêtre est l'hôtel-Dieu (hospice charitable), est d'accueillir, de soigner et de réparer les souffrances de quiconque, et ce d'une manière inconditionnelle.

Loin d'être un lieu clos ou un monde à part, l'hôpital est une alternative qui peut rendre plus efficace une intervention, et offrir de nombreux avantages (Elstein, 1986; Pichot, 1986; Kempe, 1987; Marneffe et Lampo, 1987) :

- accueillir dans l'urgence et intervenir 24 heures sur 24;
- milieu plus neutre qu'un centre spécialisé, même si l'hôpital comprend une équipe SOS-Enfants;
- intégration de plusieurs services et liaisons; complémentarité des disciplines;
- milieu sécurisant de soins, d'échanges et de passage; lieu de crise et de parole où des spécialistes de toutes disciplines sont disponibles;
- faire une mise au point complète tant sur le plan médical, gynécologique, pédiatrique, psychiatrique, que psychosocial;
- prendre le temps de poser un diagnostic différentiel et pluridisciplinaire;
- prendre des décisions tout en assumant le traitement;
- diminuer les risques de pression ou d'influence à l'égard de l'enfant;
- provoquer individuellement les rencontres avec les différents protagonistes impliqués dans la situation;
- informer les parents qu'on veut les rencontrer pour un problème important au sujet de leur enfant;
- assurer le continuum des soins; une consultation ambulatoire peut succéder à une hospitalisation transitoire;
- expertiser et authentifier des situations difficiles, complexes ou graves;

- prévenir les récidives, détecter les facteurs de risque, prendre en charge et/ou orienter ;
- liaisons diversifiées avec l'extérieur.

L'hôpital[2] n'est pas un lieu d'inquisition et offre à l'enfant victime et à sa famille, un lieu qui ne se réduit pas à une belle infrastructure clinique. En effet, face à l'enfant et à sa famille laquelle va entrer dans une phase de désorganisation profonde, des compétences ad hoc, une réflexion pluridisciplinaire, de bonnes liaisons à la fois internes et externes, des qualités d'ouverture et d'écoute, et une logistique d'intervention soutenue par une philosophie de travail constituent l'encadrement suffisant et nécessaire.

Hormis l'hospitalisation, et parce qu'il n'est pas toujours possible ou opportun d'hospitaliser l'enfant, il existe d'autres pratiques d'éloignement qui permettent une intervention adéquate. L'accueil dans la famille élargie ou une autre famille, le placement provisoire dans une institution sont des solutions alternatives qui peuvent éviter le risque de médicalisation du problème. Toutefois, la prise en charge de type ambulatoire présente certains désavantages, surtout dans la phase d'investigation et d'évaluation diagnostiques.

La séparation de l'enfant et de son milieu peut s'envisager dans le court terme et ne pas dépasser le temps de l'investigation et de l'évaluation ; le traitement peut s'effectuer de manière ambulatoire. Toutefois, lorsque les parents se montrent incompétents, indifférents ou non collaborants, ou qu'une situation de danger persiste, et/ou que l'enfant nécessite un traitement en profondeur, le placement à plus long terme (en institution ou en famille d'accueil) semble être la moins mauvaise des solutions.

La décision de placer un enfant ne peut se prendre à la légère ou de manière émotionnelle, et exige l'avis d'expert(s) et la collaboration éventuelle du système protectionnel (Tribunal de la Jeunesse). Les risques sont multiples et, comme le souligne Dolto, « *le placement sera bénéfique si l'enfant comprend que la société a des devoirs à son égard et qu'il a envers la société le devoir de se protéger contre quelque chose qui le ferait mourir* (psychiquement ou physiquement) *avant terme* ». (1987, p. 140).

Toutefois, pour de nombreux auteurs (Hayez, 1989), l'alternative au placement de l'enfant est l'éloignement du parent abuseur et sa responsabilisation, et le renforcement du soutien maternel (Hunter, 1990).

3.2. L'éthique de la pratique thérapeutique

Le traitement thérapeutique de l'enfant abusé soulève des problèmes éthiques qui apparaissent en filigrane des différentes vignettes cliniques étudiées. A travers l'étude des dossiers, nous constatons que l'intervention thérapeutique privilégie le soutien de l'enfant abusé.

La thérapie est avant tout un processus relationnel entre un thérapeute-adulte et un patient-enfant et n'est pas comme une drogue secrète qui guérit l'enfant contre son gré.

Un enfant qui n'est pas très motivé, qui ne comprend pas la raison de la thérapie ou qui est constamment indéterminé par rapport à son vécu, et qui ne parvient pas à exprimer une demande pour lui-même, peut se montrer récalcitrant ou ultra-conformiste au processus thérapeutique. L'acharnement thérapeutique, qui semble plus répondre aux aspirations du thérapeute (qui cherche éventuellement à se donner bonne conscience), peut s'avérer dangereux ou abusif et rigidifier les liens entre l'intervenant et l'enfant. Psychothérapie ou viol psychique (Van Gijseghem & Gauthier, 1992), une thérapie contraignante risque de reproduire le même type de transactions abusives auxquelles l'enfant était obligé de se soumettre au sein de son système familial. Or, certains enfants ont été à ce point conditionnés par la dynamique abusive qu'ils sont incapables d'exprimer leurs véritables sentiments ou motivations. La reconnaissance du problème, la prise de conscience de difficultés, l'expression de ses sentiments, la volonté de changer, le désir de mieux être ou la motivation à mieux vivre sont inhérentes au processus thérapeutique. La thérapie devrait laisser l'enfant prendre son temps, afin qu'il puisse élaborer et découvrir le désir de s'exprimer en tant que sujet de sa demande.

L'enfant victime d'inceste risque d'être revictimisé par la parole. Parler n'est pas toujours éliminer le symptôme et c'est parfois revivre sur un mode traumatique un événement douloureux. La survie psychique de l'enfant est parfois en danger lorsqu'on réitère systématiquement des propos en relation avec l'abus sexuel. L'enfant, face à l'abus sexuel, a développé des stratégies de survie et des symptômes qu'il reprend parfois à son compte pendant la thérapie. Faut-il aborder le symptôme pour le symptôme? Un diagnostic qui identifie un problème d'inceste chez un enfant qui porte tel ou tel symptôme risque de le stigmatiser de manière indélébile, en tant que victime-symptôme d'un abus sexuel.

4. VERS UNE ACTION PRÉVENTIVE

La plupart des enfants abusés développent des **personnalités à risque** et/ou problématiques qui compromettent largement leur avenir socio-familial et psycho-affectif. Cette compromission de l'existence est entretenue par une sorte de fatalisme lié au processus de victimisation et à la transmission transgénérationnelle d'un fardeau traumatique. Lorsque la victime devient parent à son tour, la scène abusive qu'elle a vécu risque de se reproduire avec ses propres enfants.

Depuis l'aube de l'Humanité, l'enfant, véritable figure mythique de toute civilisation, «*père de l'homme*», est la cible des convoitises les plus funestes. Fruit du désir qui unit un homme et une femme, il est parfois, et trop souvent, l'objet de pulsions sexuelles incontrôlées. Le commerce sexuel avec un enfant, interdit par de nombreux textes sacrés et/ou juridiques, réitère l'immobilité du temps et empêche l'harmonisation des générations. Le tabou de l'inceste, signifié de manière différente dans toutes les Sociétés humaines, est une institution à caractère universel qui conduit l'être humain à se frayer un passage de la nature à la culture. Alors qu'il n'existe pas de culture sans débat sur l'inceste, dans notre monde sophistiqué, on en parle le moins possible. La difficulté émotive d'en parler est liée au fait que le langage est verrouillé et perturbé.

Or si l'on veut empêcher que les adultes génèrent des êtres éprouvés qui constitueront plus tard des familles vulnérables ou perturbées, un défi doit être relevé.

Un tel défi peut notamment être relevé à partir d'une transformation des pratiques d'intervention visant l'action préventive, tant primaire que secondaire. Toutefois, l'élaboration d'un plan d'action préventive devrait passer par l'acquisition de connaissances approfondies et la formation spécialisée d'intervenants et d'animateurs[3]. D'après l'enquête menée auprès des intervenants, la plupart d'entre eux souffrent d'un manque d'informations et/ou de formation en matière d'abus sexuels à l'égard des enfants. Ces personnes interrogées demandent notamment des informations psychologiques en relation avec les techniques d'intervention auprès de l'enfant abusé et de sa famille, ainsi que des formations plus spécifiques, relatives à l'écoute de l'enfant abusé, la gestion des émotions contre-transférentielles, etc.

En effet, en matière d'abus sexuel, détecter et prévenir, en mobilisant des stratégies thérapeutiques et pédagogiques, amènent les intervenants médico-psycho-sociaux à jouer des rôles de plus en plus spécifiques, lesquels exigent une formation de plus en plus spécialisée.

En plus d'objectifs pédagogiques, l'action préventive devrait se positionner du côté de l'énonciation et pratiquer une sorte d'ingérence humanitaire sur la territorialité familiale. Ce type de démarche ne peut s'effectuer qu'en prenant des précautions d'ordre éthique, en matière de respect des droits fondamentaux tant de l'enfant que des individus qui composent sa famille. En se reposant sur l'expérience clinique, il est devenu possible de détecter, de manière plus précoce, les facteurs de vulnérabilité, les indices de souffrance intra-familiale, les troubles du lien entre le nourrisson et ses parents, les risques de passages à l'acte et d'évaluer, en termes de besoins, la situation dynamique d'une famille.

La plupart des études cliniques font de plus en plus référence au phénomène de reproduction transgénérationnelle des abus sexuels sur les enfants, à l'implication affective des pères dans les soins précoces du nourrisson, à l'aliénation traditionnelle de la femme, ainsi qu'au rôle responsable des adultes dans la transmission de l'interdit de l'inceste aux enfants.

Un des objectifs principaux de la prévention, à un niveau primaire, secondaire et tertiaire, serait d'empêcher **la spirale transgénérationnelle** de continuer à «filer» sur son mouvement d'inertie psychosociale, et d'éviter que les abus sexuels à l'égard des enfants ne deviennent un mode de transaction habituel (*Cf.* Les mouvements de légalisation de l'inceste aux États-Unis). En atteignant un public cible d'enfants et de parents, il s'agit de prémunir les uns et les autres, et non les uns contre les autres, du risque des tentations incestueuses.

Nous l'avons constaté, l'abus sexuel se manifeste dans tous les milieux. Cependant, comme le précise Barudy (1992), certains milieux à problèmes multiples sont socialement plus repérables que d'autres, ou plus assistés. On est loin de l'image stéréotypée de la famille sous-prolétarienne, rurale ou isolée. L'inceste n'est pas une affaire de classe sociale, et relève plutôt d'un mode de fonctionnement et de communication très particulier.

L'intervention préventive auprès des familles doit aussi viser les deux facettes du problème; à savoir, prémunir l'enfant des agressions tant externes qu'internes, et améliorer la qualité psycho-affective des transactions intra-familiales. S'il paraît simple d'expliquer à un enfant que le risque de violence sexuelle se trouve à l'extérieur de son cercle familial, toutes les études démontrent que la majorité des abus sexuels sont intra-familiaux et, pour la moitié, correspondent à l'inceste père-enfant. On sait également que des troubles à l'intérieur d'une famille peuvent vulnérabiliser un enfant, lequel risque de se présenter comme la victime désignée d'un pédophile.

Sachant que le père (abuseur potentiel le plus fréquent) intervient dans la structuration du rôle sexué de son nourrisson, la plupart des cliniciens pensent que la prévention devrait également s'orienter vers l'éducation parentale à visée thérapeutique, tels que le *holding* parental ou le *reparenting*, au niveau des interactions précoces, tant vis-à-vis de la mère que du père. Le père a besoin de retrouver son identité paternelle et développer ses capacités empathiques à l'égard d'un être qu'il ne parvient pas à investir. L'attachement précoce père-nourrisson serait un frein aux désirs incestueux. Une intervention thérapeutique primaire pourrait soutenir le père et cimenter ses liens précoces d'attachement et consolider chez l'enfant sa capacité identificatoire et son autonomie.

Les programmes de prévention destinés soit aux enfants, soit aux parents, ou encore aux enseignants font l'objet de nombreuses études : Brassard, 1983; Wolfe, 1986; Fryer, 1987; Wurtele, 1987; Saucier, 1988; Alleon, 1987; Budin, 1989; Cohn, 1986; Garbarino, 1987; Lebrun, 1991. Afin d'améliorer l'efficacité de l'action préventive, certains chercheurs enquêtent auprès des abuseurs pour connaître leurs opinions à propos des programmes de prévention et analyser leurs commentaires (Conte, 1989; Budin & Felzen, 1989). D'autres étudient le processus de victimisation afin d'évaluer les perspectives réparatrices auprès d'anciennes victimes d'abus sexuel (Berliner & Conte, 1990).

Ces programmes dont le lieu privilégié semble être l'école visent les objectifs suivants : enseigner le respect de son propre corps et celui des autres, offrir à l'enfant les moyens stratégiques de se protéger et de faire respecter son intégrité physique et sexuelle, lui faire acquérir des informations sur l'éventualité d'une agression physique ou sexuelle. L'idée que l'école est le cadre idéal à ce type d'enseignement est corroborée par l'enquête menée auprès des intervenants. Cependant, l'école, en tant qu'institution, éprouve certaines difficultés, voire exprime des réticences, quant à devoir assumer ce nouveau rôle ou cette fonction psychosociale.

Apprendre à un enfant à assumer lui-même sa sécurité personnelle doit passer par une éducation sexuelle et affective de bonne qualité qui comprendrait l'enseignement d'une éthique relationnelle et sexuelle. Cette éducation philosophique et morale devrait professer l'esprit critique, la prise de conscience, le respect de soi et des autres, la notion d'intégrité corporelle, l'équité, la confiance, la tolérance, la loyauté, la reconnaissance, le droit, la légitimité et la justice. La plupart de ces concepts sont fondamentaux à l'épanouissement d'une existence personnelle (l'individu), familiale (le système) et sociale (le lien entre l'individu et le système socio-familial).

La visée pédagogique, thérapeutique et prophylactique de la prévention est certes ambitieuse, mais devrait jouer de son influence sur plus de deux générations. L'efficacité d'un programme de prévention à grande échelle ne peut dès lors se mesurer qu'à long terme. On sait par exemple que 80 % des adolescents abuseurs traités par un programme thérapeutique pluridisciplinaire résidentiel ne font aucune récidive (Cebula & Smets, 1987). Cependant, par manque de recul, il n'est pas encore possible d'évaluer l'efficacité d'une intervention thérapeutique auprès d'une famille abusive, en termes de reproduction des sévices sur la génération suivante.

Dans notre communauté, même s'il existe quelques initiatives novatrices, la prévention n'en est qu'à ses premiers balbutiements; il n'existe ni politique commune, ni traitement type, et d'autres formes de prise en charge pourraient encore être découvertes et appliquées. Il faudrait également organiser des programmes de traitement destinés aux abuseurs sexuels d'enfants et améliorer les conditions d'accueil thérapeutique des victimes et de leur famille.

Les nombreux programmes d'intervention mis au point dans d'autres pays, qui pourraient être adaptés à nos conceptions culturelles et à notre législation, ne semblent pas trop inspirer les intervenants. Dans les faits, ceux-ci manquent cruellement de moyens, d'expériences et de formations.

Élaborée à partir d'idéaux nobles et humanistes, l'action préventive et/ou curative devrait donc se pencher sur les moyens à mettre en œuvre afin d'enrayer le processus récidiviste de l'abus sexuel.

NOTES

[1] Giaretto, 1982; Le protocole de Repentigny, 1988; Mrazek et Kempe, 1987; Sgroi, 1986; Van Gijseghem, 1991; Barudy, 1989; Hayez, 1989 et 1991.
[2] «(...) *l'enfant est protégé dans un milieu non menaçant pour les parents, ... qui demandent parfois protection et soins pour un enfant victime de leurs pulsions agressives*». L'hôpital permet à l'enfant abusé «*qu'il a restauré, de retrouver une place dans ce qui fera sa vie, et la faculté de la vie autrement*» (Bruno, 1991, p. 92).
[3] *Cf.* Mise sur pied d'un programme d'intervention contre l'exploitation sexuelle des enfants, Sgroi, 1986.

Conclusions

Les abus sexuels d'enfants, depuis quelques années, heurtent douloureusement notre société. La visibilité du phénomène s'est accrue, en Belgique comme ailleurs. Au-delà de l'intérêt suscité au sein de la population par les medias, les professionnels de la santé, de la justice et du social ont été de plus en plus sollicités pour intervenir dans ces situations faites de violence et de souffrance.

A la demande du Fonds Houtman, nous avons réalisé une évaluation de la prise en considération de ces abus sexuels d'enfants dans la Communauté française de Belgique. Pour des raisons déontologiques, il n'était pas possible d'entreprendre une étude demandant un accès direct à la population concernée. Aussi avons nous opté pour l'approche du phénomène au travers du regard, des représentations, du savoir et de la pratique des intervenants. Par là, grâce à une méthodologie de triangulation, nous nous sommes intéressés non seulement aux systèmes d'intervention mais aussi aux systèmes familiaux dans lesquels les processus abusifs sont dévoilés.

Par cette démarche, nous avons mis en évidence à la fois des mécanismes institutionnels et des processus familiaux dont il y a tout lieu de croire qu'ils sont un reflet de ce qui se passe dans nos sociétés occidentales. Par la vision écosystémique ainsi élaborée, nous pensons apporter à la compréhension des abus sexuels d'enfants et à leur prise en charge une avancée conceptuelle et pragmatique : double visée de cette recherche.

En ce qui concerne les processus abusifs prenant place dans certaines familles, nous avons, grâce aux connaissances des intervenants, confirmé divers aspects déjà largement connus, et mis en évidence d'autres plus souvent ignorés.

– Les abus sexuels d'enfants dont les intervenants ont connaissance sont, majoritairement, des abus **intra-familiaux**. Cette place tout à fait prépondérante accordée par les intervenants interrogés aux situations d'abus sexuels intra-familiaux pose plusieurs questions. Les intervenants accordent-ils une telle place à ces abus parce qu'ils sont plus interpellés par cette problématique ? Le thème de l'interdit de l'inceste reste-t-il prégnant dans la représentation de la problématique des abus sexuels ? La « famille » ainsi bafouée dans sa fonction éducative motiverait-elle davantage un mandat d'intervention ? Les abus extra-familiaux suivraient d'autres filières et bénéficieraient d'autres formes d'interventions dans la mesure où les parents joueraient mieux leur rôle protecteur vis-à-vis de l'enfant, ce qui expliquerait la moins grande visibilité de ce phénomène, aux yeux des intervenants. Notre recherche étant focalisée essentiellement sur les intervenants, on peut conclure que l'abus sexuel extra-familial doit être étudié selon une autre méthodologie. Il n'en reste donc pas moins vrai que ce problème doit être travaillé et documenté. C'est là une limite de notre investigation : d'autres démarches, centrées spécifiquement sur la pédophilie, devraient être entreprises.

– Ressort des données de la recherche, **le rôle central de la mère**, apparaissant comme maillon essentiel au niveau du dévoilement et du signalement, comme le soulignent également Perrone et Nannini (1995). La majorité des mères reste ambivalente comme si le dévoilement en soi ne changeait pas grand chose ou ne suffisait pas à briser le lien qui les relie à leur mari ou compagnon. Ces mères faisant partie de systèmes familiaux où se produisent des interactions incestueuses sont souvent absentes et réductionnistes dans leur perception adjudicative et donnent priorité à une cohésion familiale. Cette prééminence du rôle de la mère dans la dynamique de l'abus sexuel et de la prise en charge des enfants abusés est toutefois à nuancer et à relativiser en regard de l'absence du père et/ou du parent abuseur dans la pratique des intervenants. En effet, on constate aussi bien dans les dossiers que dans les interviews que les données relatives à l'abuseur sont rares puisque celui-ci se révèle le plus souvent hors d'atteinte de l'intervenant. Cette absence conduit l'intervenant, peut-être par dépit, à se focaliser sur le parent présent au moment de l'intervention. Le parent présent, la mère dans la plupart des cas, deviendrait le lieu de projection des rôles non connus du père. Ainsi, les émotions soulevées par la problématique se reporteraient sur la mère.

– L'ensemble des données issues de notre recherche marque donc la faiblesse des connaissances et des interventions concernant **l'auteur de l'abus**. De nombreux intervenants, notamment les moins expérimentés, s'en font une représentation caricaturale, liée clairement au choc émotionnel que représente, pour l'intervenant, la découverte d'un abus sexuel. En Communauté française, très peu de structures apparaissent réellement comme concernées par la problématique de l'abuseur, tant au niveau du diagnostic que du traitement et de la prise en charge. C'est une situation très particulière à l'abus sexuel. Dans la plupart des autres problèmes de violence, dans la délinquance par exemple, il apparaît évident de s'attacher, dans l'intervention, tant psychologique que judiciaire, à l'auteur de l'acte délictueux. En matière d'abus sexuel, on s'intéresse essentiellement à l'enfant et, dans une moindre mesure, au conjoint éventuel de l'auteur de l'abus. Cette situation s'explique certes, d'une part, par l'urgente nécessité de protection de l'enfant et, d'autre part, par le déni fréquent dans le chef de l'auteur de l'abus. Cependant, ceci nous conduit non seulement à négliger le rôle du principal acteur, mais aussi à se priver d'une intervention à long terme, visant à éviter la récidive.

Pourtant, il est possible de réaliser un travail efficace auprès de l'auteur de l'abus : des équipes anglo-saxonnes, canadiennes s'y sont attelées depuis de nombreuses années. Une double réflexion doit être menée. D'une part examinons les moyens utilisés et utilisables par la justice; les ébauches de projets non encore subsidiés voient le jour dans les milieux carcéraux où des aides thérapeutiques sont proposées aux détenus durant leur temps d'incarcération. D'autre part se pencher sur les moyens à développer pour un suivi psycho-social à long terme des auteurs d'abus. Ici se pose la question des professionnels et des structures les plus adéquates pour mener ce travail. Est-il judicieux de confier cette tâche aux spécialistes de l'aide à l'enfance ou doit-on s'orienter vers des structures spécialisées? Cette question doit faire l'objet de débats, mais il est urgent que des solutions concrètes de prises en charge soient développées.

– Le **traumatisme de l'enfant** est très souvent perceptible, mais les symptômes ne sont ni délimités ni spécifiques. Les symptômes peuvent donc être considérés comme indicateurs de l'existence d'un abus sexuel mais ils ne peuvent pas en confirmer l'existence et lever le doute de l'intervenant pour le conduire à une certitude. Tout symptôme doit cependant être pris en charge et doit faire l'objet d'un suivi psycho-médico-social attentif qui donne un accueil et un sens à la parole de l'enfant.

– Le **système familial** est un lieu d'échanges affectifs et de rencontres de personnes ayant des problèmes et des motivations diverses : le risque nul d'abus sexuel est donc impossible. Il faut bien reconnaître que même le meilleur système d'intervention ne peut être qu'un palliatif. Même la prévention la plus large ne peut viser à éradiquer totalement le phénomène. Il faut donc optimaliser les moyens mis en œuvre tant dans la prévention que dans l'intervention. Il faut également essayer d'encore mieux comprendre le processus abusif dans l'écosystème famille-communauté-services médicaux, sociaux et psychologiques, afin de mieux repérer les voies d'accès précoces aux systèmes familiaux perturbés dans lesquels se développe l'abus sexuel. Cette recherche montre, qu' au travers du discours des intervenants, sont reflétées les dynamiques familiales abusives.

L'étude du système des intervenants reflète à la fois la richesse et la complexité des ressources mobilisées dans les cas d'abus sexuels :

– Cette **richesse est nouvelle**. En quelques années, une majorité d'intervenants potentiels s'est montrée non seulement intéressée mais aussi sensibilisée à la problématique des abus sexuels. Un grand nombre d'intervenants a fait preuve d'une réelle connaissance et de compétences indéniables en la matière. Ce tableau actuel des intervenants en Communauté française contraste fortement avec celui qui était donné il y a quelques années seulement (Glowacz, 1987), lorsque l'on observait que la majorité des intervenants ignorait, occultait, déniait et banalisait la réalité des abus sexuels d'enfants et donc l'utilité d'interventions dans ce domaine.

La reconnaissance sociale et médiatique s'est accompagnée d'un développement de pratiques d'intervention jusqu'alors absentes. Une réflexion sur ce thème s'est progressivement construite et a conduit à des diversifications de compétences dans les services existants ainsi qu'à la création de nouveaux services spécialisés dans l'abord de ce problème. Ainsi, d'une fuite ou d'un évitement, on observe le passage à une réappropriation de cette problématique par tous les intervenants et à une prise de conscience de leur responsabilité. La confrontation à l'abus sexuel a favorisé un réinvestissement de l'éthique dans la mission éducative, sociale, médicale, psychologique ou judiciaire de chacun des intervenants.

– Confronté à cette problématique, chacun a été poussé à un **décloisonnement inter et intra-disciplinaire**. Une réflexion commune a vu le jour au sein des institutions et entre elles, de sorte que l'on observe une tendance à rompre l'isolement des pratiques et à installer un travail «en réseaux» guidé par l'objectif premier de la protection de l'enfant. On relève une évolution vers la complémentarité interdisciplinaire. Chaque secteur ne pouvant atteindre raisonnablement l'objectif premier s'il agit seul, se tourne vers des collaborations avec des partenaires. Ainsi, le monde judiciaire ne peut plus ignorer le monde médical ou psychologique ou social : la carte de la collaboration que nous avons établie illustre bien les interactions actuelles entre professionnels de disciplines différentes.

– A la fois comme élément mobilisateur des complémentarités et comme levier fondamental de la réflexion éthique, notre recherche a mis en évidence **le rôle fondamental du doute**. En effet, le sentiment de doute semble se dégager de toutes les situations. Ce sentiment est évoqué par tous comme une difficulté propre à l'intervention dans le cadre des abus sexuels. Même les intervenants les plus expérimentés, travaillant en équipe, continuent à ressentir souvent cette inquiétude quant à la matérialité des faits, à l'indication et l'adéquation de leur intervention. Les moins expérimentés, ceux qui n'ont été confrontés qu'à quelques rares cas, ressentent parfois ce doute jusqu'à l'angoisse et, pour s'en libérer, espèrent l'appui d'une formation ou d'une supervision. Le doute pousse à travailler en équipe, amène les collaborations, mais persiste envers et contre tout : en fait, dans cette réflexion partagée qu'il suscite, n'est-il pas la meilleure garantie de la conscience professionnelle des intervenants et le meilleur garant de progrès?

– Notre travail débouche enfin sur une réflexion relative à la **prévention**. Dans la problématique de l'abus sexuel, les différents niveaux de prévention devraient être envisagés. La prévention primaire a fait l'objet de quelques approches, centrées notamment, sur l'enfant, future victime possible. Mais une réflexion approfondie, quant à la genèse de l'abus sexuel dans une famille, devrait mener à des perspectives de prévention primaire plus larges. La prévention secondaire et, principalement ici, le dépistage précoce des situations, est l'objet de nombreuses démarches de nos jours et semble s'améliorer. Par contre, la prévention tertiaire nous paraît terriblement lacunaire. Nos investigations révèlent la rareté de suivis à long terme. Or, l'on connaît bien, actuellement, les éventuelles répercussions à long terme d'un abus sexuel sur le développement psychologique et sexuel d'un enfant. On sait aussi que, lorsque l'abus sexuel s'est installé dans une famille, il se développe une véritable structure de relations, ancrée dans un schéma rigide, qui ne pourra évoluer que par une action suivie dans le temps. Et l'on connaît aussi la fréquence des récidives observées dans cette problématique. Mais la mise en œuvre d'une action au long cours, auprès de l'ensemble de la famille, y compris du responsable de l'abus, se heurte aux contraintes de temps et au degré de surcharge des structures spécialisées. Des solutions doivent être trouvées à ce niveau, en concertation avec les acteurs de terrain.

– L'étude des **représentations sociales des professionnels** a montré la force des représentations qui modèlent les actions des intervenants. Cette étude identifie des pistes d'action importantes. En termes de formation, par exemple, c'est la confrontation la plus concrète possible des professionnels, notamment peu expérimentés dans le domaine, à la réalité des situations d'abus sexuels, qui pourra faire évoluer ces représentations en modifiant le regard et la perception des intervenants. Une information purement théorique, touchant la sphère rationnelle des individus, risque de porter peu de fruits.

De nos analyses, il ressort que le niveau de formation et d'information des différents professionnels qui peuvent être impliqués dans la gestion de cas d'abus sexuel est très inégal. Manifestement, certains professionnels se sentent démunis dans de tels cas, manquant de références et de connaissances tant théoriques que pratiques. C'est ainsi qu'une meilleure connaissance des réseaux d'intervention, des spécificités de chaque structure, serait très profitable. Une sensibilisation à la problématique de l'enfant, à la complexité de son vécu, à sa place particulière dans la famille permettrait une meilleure écoute et un meilleur départ pour l'intervention. Les programmes de formations devraient être adaptés à chaque type d'institution.

– Il paraît possible de favoriser une évolution active des interventions visant les situations d'abus sexuels intra-familiaux. Notre recherche nous a permis de dégager une série de dynamiques qui pourraient être stimulées et développées. La recherche réaliste de l'efficacité à ce niveau passe sans doute par une politique qui s'appuie sur ces dynamiques, déjà importantes, pour les amplifier et les étendre. De nombreux intervenants professionnels appartenant à différentes institutions, ont engagé un travail important selon des modes d'intervention intéressants. Nous avons pu en souligner au passage quelques points forts et quelques faiblesses. L'approche la plus dynamique et la plus productive semble se dessiner dans une collaboration **multidisciplinaire et pluri-institutionnelle aussi ouverte que possible**. Nous avons été amenés à privilégier cette perspective en mesurant combien les intervenants eux-mêmes en étaient demandeurs. De plus, la complexité même des situations familiales et sociales n'a d'égale que la complexité des modes d'intervention qui cherchent à y répondre. C'est donc une combinaison aussi riche que possible d'approches et d'interventions qui nous paraît la plus adaptée.

L'ouverture d'une collaboration sociale multidisciplinaire passe sans doute par la mise en place de réseaux locaux d'intervenants aussi vivants que possible. C'est dans une telle dynamique de contacts et de collaborations interpersonnelles positives que se trouvent sans doute les clefs d'un travail de terrain plus efficace. Un prolongement intéressant de ce travail de recherche consisterait en des interventions ponctuelles qui viseraient la mise en place et le renforcement de ces réseaux locaux. L'objectif prioritaire serait une valorisation et une implication réelle de chaque intervenant et de chaque institution. Il faudra commencer, bien sûr, par les intervenants et les institutions insuffisamment valorisés et impliqués jusqu'ici. Il faudrait aussi, en ce sens, éviter particulièrement toute forme de priorité accordée à l'une ou l'autre forme d'intervention ou d'institution pour rechercher les collaborations aussi ouvertes que possible. Même si certaines institutions, comme les Equipes SOS-Enfants ou les Services d'Aide à la Jeunesse, sont appelées à conserver et à développer leur rôle de «plaque-tournante», la collaboration elle-même doit rester aussi ouverte que possible à tous les types d'intervention dans leur complémentarité.

En particulier, nous avons pu mesurer combien serait significative une plus large et plus concrète implication des intervenants de première ligne : écoles, travailleurs médico-psycho-sociaux, médecins de famille, institutions socio-culturelles diverses, polices et gendarmeries, etc. Une participation à un investissement même limité de ces divers intervenants permettrait sans doute de mettre en place un réseau d'intervention serré et actif.

Enfin, la confrontation des tentatives de chacun au niveau des interventions elles-mêmes paraît ouvrir la piste la plus fiable vers une évolution qualitative des modes d'intervention et de prise en charge face à un problème particulièrement délicat à traiter.

– La volonté des intervenants d'accroître leur niveau de compétence est omniprésente : améliorer la capacité de «diagnostic», les attitudes favorables à l'expression de l'enfant, les connaissances des ressources institutionnelles. Toutes ces demandes de formation sont révélatrices de la volonté de chacun de combler ses manques, sur un plan interdisciplinaire. Chacun est aussi conscient de l'importance du premier contact, mais ne distingue pas clairement les voies à suivre vers une prise en charge efficiente. Nous pourrions suggérer à cet égard d'encourager la prise en charge la plus précoce possible par les intervenants en contact direct avec les enfants et les familles. En formant les intervenants de «première ligne» à prendre en compte la parole de l'enfant et donc à transformer le dévoilement en signalement, on permettra une prise en charge précoce efficace et on contribuera à rendre complémentaires la démarche de soutien et la démarche de thérapie, celle-ci étant trop souvent considérée comme la seule possible.

Ainsi, nous croyons avoir réalisé une photographie de l'intervention à l'égard des abus sexuels de manière à faire évoluer positivement les pratiques. Par un regard raisonné sur un phénomène qui appelle une réaction émotionnelle, notre étude espère être à la fois un outil de travail et une réflexion éthique. Chacun se demandera et devra continuer à se demander comment nos sociétés laissent émerger de telles conduites abusives et comment intervenir adéquatement.

Bibliographie

Alleon, A.M. (1987). Quelques remarques psychopathologiques sur la genèse et les conséquences psychiques d'un abus sexuel. *La Revue de Psychiatrie*, XIII (7), 311-312.

Agostini, D. (1989). Lorsque l'enfant disparaît : vampirisation du corps et des effets de l'enfant de la réalité par l'enfant imaginaire des parents dans la maltraitance. *Perspectives psychiatriques*, 20, 341-345.

Bagdley (1984). Infractions d'ordre sexuel contre des enfants au Canada. *In Rapport du Comité sur les infractions sexuelles à l'égard des enfants et des jeunes*. Ottawa, Canada : Approvisionnements et Services Canada.

Barudy, J. (1989). Le dévoilement de l'inceste et de l'abus sexuel : crise pour la famille, crise pour l'intervenant, violences sexuelles, inceste et famille. *Cahiers critiques de thérapie familiale et de pratique de réseaux*. Toulouse, France : Privat.

Barudy, J. (1992). La violence comme organisatrice de la subjectivité individuelle, familiale et sociale. *Neuropsychiatrie de l'Enfance*, 40 (7), 363-377.

Beitchman, J., Zucker, K., Hood, J., Dacosta, G., & Akman, D. (1991). A review of the short-term effects of child sexual abuse. *Child Abuse and Neglect*, 15, 537-556.

Berliner, J., & Conte, J. (1990). The process of victimization : the victim's perspective. *Child Abuse and Neglect*, 14 (1), 19-34.

Bigras, J. (1987). Comme une bombe dans ma vie. *Psychanalyse Patio*, 7, 61-71.

Bouchard, C., Druenne, M., Masson, O., Bauer M., & Bruno, Y. (1991). *L'enfance maltraitée : du silence à la communication*. Paris : Karthala.

Bouchard, Y., & Gélinas, A. (1991). *Préparation d'un projet de recherche*. Document non publié. Université du Québec à Rimouski, Rimouski.

Brassard, M., Tyler, T.A., & Kemle, T.J. (1983). School programs to prevent intrafamilial child sexual abuse. *Child Abuse and Neglect*, 7, 241-245.

Brière, J., & Runtz, M. (1988). Symptomatology associated with childhood sexual victimization in a nonclinical adult sample. *Child Abuse and Neglect*, 12, 51-59.

Bronfenbrenner, U. (1977). Toward an experimental ecology of human development. *American Psychologist*, July, 513-531.

Browne, A., & Finkelhor, D. (1986). Impact de l'exploitation sexuelle de l'enfant : examen de recherche. *In Programme de recherche sur la violence familiale et laboratoire de recherche sur la famille*. Hampshire, Angleterre : University Hampshire.

Bruno, Y., Carrière, J.P., Daurignac, I. & Périssé, J. (1991). L'hôpital : du soin au savoir. Actes du Congrès de Toulouse. Paris : Karthala.

Budin, L.E., & Felzen, J. (1989). Sex abuse prevention programs : offender's attitudes about their efficacy. *Child Abuse and Neglect*, 13 (1), 77-87.

Cebula, C., & Smets, A. (1987). A group treatment program for adolescent sex offenders : five steps toward resolutions. *Child Abuse and Neglect*, 11, 247-254.

Cohn, A.H. (1986). Preventing adults from becoming sexual molesters. *Child Abuse and Neglect*, 10, 559-562.

Cole, P., & Woolger, Ch. (1989). Incest survivors : the relation of their perceptions of their parents and their own parenting attitudes. *Child Abuse and Neglect*, 3, 409-416.

Conte, J.R. (1989). What sexual offenders tell us about prevention strategies? *Child Abuse and Neglect*, 13 (2), 293-301.

Coulborn Faller, K. (1989). Why sexual abuse? An exploration of the intergenerationel hypothesis. *Child Abuse and Neglect*, 13, 543-548.

Crivillé, A. (1986). A corps et à cri, l'amour à la haine. *Nouvelle Revue de Psychanalyse*, 33, 284-302.

Crivillé, A., Chauvire, D., Dorival, M., Galibert, C., & Huche-Pignard, E. (1987). *Parents maltraitants, enfants meurtris*. Paris : ESF.

Crivillé, A., Deschamps, M., Fernet, C., & Sittler, M.F. (1994). *L'inceste. Comprendre pour intervenir*. Toulouse, France : Privat.

Daligand, L. (1995). Le trauma de l'inceste. Le témoignage de l'expert. *In* M. Gabel, S. Lebovici, & P. Mazet (Eds.), *Le traumatisme de l'inceste* (p. 21-32). Paris : P.U.F.

Deblinger, E., Mc Leer, S.V., Atkins, M.S., Ralphe, D., & Foa, E. (1989). Post-traumatic stress in sexually abused, physically abused, and nonabused children. *Child Abuse and Neglect*, 13, 403-408.

Deltaglia, L. (1987). Etude psychosociale de 44 dossiers d'expertise d'enfants victimes d'abus sexuels (p. 224-260). Enfants maltraités. Paris : AFIREM.

Devereux, G. (1992). *De l'angoisse à la méthode dans les sciences du comportement*. Paris : Flammarion.

Dolto, F. (1987). Parents délinquants, inceste. *In Dialogues québécois* (p. 135-155). Paris : Seuil.

Durkheim, E. (1897). La prohibition de l'inceste et ses origines. *L'Année sociologique*, 1-70.

Edwards, P.W., & Donaldson, M.A. (1989). Assessement of symptoms in adult survivor of incest : a factor analytic study of the responses to childhood incest questionnaire. *Child Abuse and Neglect*, 13, 101-110.

Ekman, P., & Ekman, T. (1989). *Pourquoi les enfants mentent*? Paris : Rivages psychanalyse.

Elstein, M. (1986). L'enfant, l'adolescent dans la situation d'inceste, son devenir. *Sauvegarde de l'Enfance*, 5, 551-558.

Etudes freudiennes. (1994). *L'inconscient, l'inceste et la dimension du tragique en psychanalyse* (35). Etudes Freudiennes.

Ferenczi, S. (1982). *La confusion de langues entre les Adultes et l'Enfant, le langage de la tendresse et de la passion (IV)*. Analyses d'enfants avec des adultes en psychanalyse. Paris : Payot.

Finkelhor, D. (1980). Risk factors in the sexual victimization of children. *Child Abuse and Neglect*, 4, 265-273.

Finkelhor, D. (1982). Sexual abuse : a sociological perspective. *Child Abuse and Neglect*, 6, 95-102.

Finkelhor, D. (Ed.). (1986). *A sourcebook on child sexual abuse*. Beverly Hills : Sage.
Freud, S. (1973). *Totem et tabou*. Paris : Payot.
Fryer, G., Kerns Kraizer, S., & Miyoshi, T. (1987). Measuring actual reduction of risk to child abuse : a new approach. *Child Abuse and Neglect*, 11, 173-179.
Gabel, M. (1987). Les abus sexuels sur enfants : Un essai d'approche épidémiologique. *La Revue de Pédiatrie*, XXIII (7), 277-280.
Gabel, M. (1992). Les enfants victimes d'abus sexuels. *Psychiatrie de l'Enfant*. Paris : PUF.
Gaddini, R. (1983). Incest as a development failure. *Child Abuse and Neglect*, 7, 357-358.
Garbarino, J. (1987). Children's response to a sexual abuse prevention program : a study of the spiderman comic. *Child Abuse and Neglect*, 11, 143-148.
Giaretto, H. (1982). *Integrated treatment of child sexual abuse. A treatment and training manual*. Palo Alto, U.S.A. : Sciences and Behavior Books.
Glowacz, F. (1987, novembre). Quels types d'aide apporter aux personnes et aux familles confrontées à un problème d'inceste. Compte rendu du 10e anniversaire du Service de Santé Mentale du Nord et Centre Luxembourg, Libramont, Belgique.
Glowacz, F., & Bawin, B. (1987). *Etude de l'aide aux personnes et aux familles confrontées à un problème d'inceste*. Liège, Belgique : Université de Liège.
Goodwin, J.M. (1989). *Sexual Abuse. Incest Victims and their Families*. Chicago : Bocahat.
Hadjiski, E., Agostini, D., Dardel, F., & Touvenin, C. (1993). *Du cri au silence. Attitudes défensives des intervenants médico-sociaux face à l'enfant victime de mauvais traitements*. Vanves, France : CTNERHI.
Hayez, J.Y. (1989). Dimensions institutionnelles de la prise en charge des enfants maltraités et de leurs familles. *Revue trimestrielle de droit familial*, 4, 351-365.
Hayez, J.Y. (1991). *Les enfants et adolescents abusés sexuellement*. Louvain-la-Neuve, Belgique : Université Catholique de Louvain-la-Neuve, Pédopsychiatrie.
Hirschhorn, M. (1987). Techniques quantitatives et techniques qualitatives : de l'opposition à l'articulation. *In* J. Wodz, *Problèmes de la sociologie qualitative* (p. 40-51). Katowice : Université de Silésie.
Huberman, A.M., & Miles, M.B. (1991). *Analyse des données qualitatives, Recueil de nouvelles méthodes*. Bruxelles. De Boeck-Wesmael.
Hunter, W., Coulter, M., Runyand, D., & Everson, M.B. (1990). Determinants of placement for sexually abused children. *Child Abuse and Neglect*, 14 (3), 407-417.
Jaoul, H. (1991). *L'enfant captif, approche psychanalytique du placement familial*. Paris : Editions Universitaires.
Javeau, Cl. (1986). *Leçons de sociologie*. Paris : Méridiens Klincksieck.
Kempe, H. (1978). Sexual abuse : another hidden pediatric problem. *Pediatrics*, 62, 382-392.
Kempe, H. (1987). *The common secret : sexual abuse of chidren and adolescent*. N.Y. : Freeman & Company.
Kempe, R.S., & Kempe, C.H. (1978). *L'enfance torturée*. Bruxelles : Mardaga.
Klajner-Diamond, H., Wehrspann, W., & Steinhauer, P. (1987). Assessing the credibility of young children's allegations of sexual abuse : clinical issues. *Canadian Journal of Psychiatry*, 32 (7), 610-614.
Lampo, A., & Michiels, N. (1987). Le rôle du médecin confident face aux problèmes de sévices sexuels. *In Enfance maltraitée* (p. 188-196). Paris : *AFIREM*.
Lebbe-Berrier, P. (1991). Enfance maltraitée et approche systémique. *Convergences*, 62, 68-75.
Lebovici, S. (1985). Le complexe d'Œdipe et l'inceste. *Nouvelle Revue d'Ethnopsychiatrie*, 3, 9-14.

Lebrun, A. (1991). Réflexions sur l'impact d'une expérience originale en matière de prévention des abus sexuels dans un établissement scolaire. *Perspectives*, 18, 57-66.

Levi-Strauss, C. (1967). *Les structures élémentaires de la parenté*. Paris-La Haye : Mouton & Co et Maison des Sciences de l'Homme.

Louis, A. (1993). Présentation de l'œuvre de Marcel Gauchet. *Revue Contradictions*, 73, 139-146.

Malinowsky, B. (1976). *La sexualité et sa répression dans les sociétés primitives*. Paris : Payot.

Malinowsky, B. (1985). *Sex and repression in savage society*. Chicago : the University of Chicago.

Marneffe, C., & Lampo, A. (1987, novembre). *L'inceste, une histoire à 3 et plus*. Compte rendu du 10ᵉ anniversaire du Service de Santé Mentale du Nord et Centre Luxembourg, Libramont, Belgique.

Martin, P., Papier, C., Meyer, J., & Sand, E.A. (1991). La recherche, une forme d'intervention? Théories et pratiques. *In* J.C. Grubar, S. Ionescu, G. Magerotte & R. Salbreux (Eds.), *L'intervention en déficience mentale - Théories et pratiques* (p. 39-50). Lille : Presses Universitaires de Lille.

Miller, A. (1986). *L'enfant sous terreur*. Paris : P.U.F.

Mrazek, P.B., & Kempe, C.H. (1987). *Sexually abused children and their families*. Oxford : Pergamon.

Papazian, B. (1992). Quelques considérations psychanalytiques à propos de nos interventions en cas de mauvais traitements chez l'enfant. *Neuropsychiatrie de l'Enfance*, 40 (7), 351-357.

Perrone, R., & Nannini, M. (1995). *Violence et abus sexuels dans la famille*. Paris : ESF.

Pichot, F., Levy-Leblond, E., & Courtecuisse, V. (1986). Sévices à l'adolescence. L'inceste. A propos de 21 observations. *Archives françaises de Pédiatrie*, 43, 427-431.

Pines, A.M., Aronson, E., & Cafry, D. (1982). *Burn-out. Se vider dans la vie et au travail*. Québec : Le jour.

Protocole de Repentigny. (1988). Protocole d'évaluation et d'intervention médico-sociale. Pour la protection des enfants maltraités. Québec : Gouvernement du Québec, Ministère de la Santé et des Services sociaux.

Russell, D. (1983). The incidence and prevalence of intrafamilial and extrafamilial sexual abuse of female children. *Child Abuse and Neglect*, 7, 133-146.

Saucier, J.F. (1988). Prévention de l'inceste : enfin des moyens. *Perspectives psychiatriques*, 4, 278-280.

Savoie-Zajc, L. (1992, octobre). *Qu'en est-il de la triangulation : là où la recherche qualitative interprétative se transforme en intervention sociale*. Exposé au Colloque de l'Association pour la Recherche Qualitative, Trois-Rivières, Canada.

Sgroi, S.M. (1986). *L'agression sexuelle et l'enfant. Approche et thérapies*. Saint-Laurent, Canada : Eds. Trécarré.

Smets, A.C., & Cebula, C.M. (1987). A group treatment program for adolescent sex offenders : five steps toward resolution. *Child Abuse and Neglect*, 11, 247-254.

Strauss, P. (1985). Données épidémiologiques sur l'inceste. *Nouvelle Revue d'Ethnopsychiatrie*, 3, 35-40.

Strauss, P., Manciaux, M. et al. (1982). *L'enfant maltraité*. Paris : Fleurus.

Summit, R.S. (1983). The child sexual abuse accomodation syndrome. *Child Abuse and Neglect*, 7, 177-193.

Van Gijseghem, H. (1991). *L'enfant mis à nu. L'allégation d'abus sexuel : la recherche de la vérité*. Québec, Canada : Meridien.

Van Gijseghem, H. (1991). Les fausses allégations d'abus sexuel dans les causes de divorce, de garde d'enfants, de droits de visite. *Revue canadienne de psycho-éducation*, 20 (1), 75-91.

Van Gijseghem, H., & Gauthier, L. (1992). De la psychothérapie de l'enfant incestué : les dangers d'un viol psychique. *Santé Mentale au Québec*, XVII (I), 1-11.

Von Foerster, H. (1991). Éthique et cybernétique de second ordre. *In* Y. Rey & B. Prieur. *Systèmes, éthique, perspectives en thérapie familiale* (p. 41-54). Paris : ESF.

Wolfe, D.A., Macpherson, T., Blount, R., & Wolfe, V.V. (1986). Evaluation of a brief intervention for educating school children in awareness of physical and sexual abuse. *Child Abuse and Neglect*, 10, 85-92.

Wolfe, V.V., Gentile, C., & Wolfe, D.A. (1989). The impact of sexual abuse on children : APTSD formulation. *Behavior Therapy*, 20, 2315-228.

Wurtele, S.K. (1987). School-based sexual abuse prevention programs : 2 review. *Child Abuse and Neglect*, 11, 483-495.

Annexe
Catégories institutionnelles et sigles utilisés

INSTITUTIONS DE PREMIÈRE LIGNE

Ecoles maternelles et primaires
Polices
Gendarmeries
Médecins généralistes
Centre d'accueil et d'animation

- Accueil et accompagnement éducatif d'enfants
- Accueil et réinsertion des prostituées
- Femmes
- Maison des jeunes
- Petite enfance
- Questions familiales
- Solitude
- Suicide
- Urgence
- SOS - Viol
- Maison de quartier
- Services d'aide aux victimes

Travailleurs médico-psycho-sociaux (T.M.S.) de l'Office National de l'Enfance (O.N.E.)

INSTITUTIONS DE DEUXIÈME LIGNE

Centres psycho-médico-sociaux (P.M.S.)
Centres d'inspection médicale scolaire (I.M.S.)
Institutions d'hébergement

- Centres pour enfants psychotiques et/ou autistiques
- Centres d'observation pour mineur
- Etablissements d'observation et d'éducation de l'État
- Homes et maisons d'enfants
- Instituts médico-pédagogiques (I.M.P.)
- Maisons maternelles
- Pouponnières

Centres de santé mentale et autres centres de consultation

- Centres de planning familial
- Centres psychothérapeutiques
- Centres de réadaptation fonctionnelle
- Centres de santé mentale - Centres de guidance
- Centres d'orientation éducative
- Services de prestations éducatives ou philanthropiques

Services médicaux

- Services de pédiatrie des hôpitaux généraux
- Maisons médicales et centres de santé
- Hôpitaux psychiatriques
- Psychiatrie alternative

INSTITUTIONS MANDATÉES POUR LA MALTRAITANCE

Services d'Aide à la Jeunesse (S.A.J.)
Equipes spécialisées

- SOS-Enfants
- SOS-Parents-Enfants
- Autres

Institutions judiciaires

- Premiers substituts et juges de la jeunesse
- Service de protection judiciaire (S.P.J.)

AUTRES INSTITUTIONS

- Service de placement familial
- Service de protutelle

Table des matières

PRÉLIMINAIRE

INTRODUCTION

1. De l'inceste à l'abus sexuel 12
2. Perspective épidémiologique 14

MÉTHODOLOGIE
Pascale MARTIN

1. La méthode et son objet 21
2. Limites de la recherche 22
3. Développement méthodologique 23
   3.1. *De la problématique au recueil des données* 23
      3.1.1. L'enquête auprès des intervenants 23
      3.1.2. L'étude de dossiers d'intervention 26
   3.2. *Du recueil des données à l'analyse* 28
   3.3. *De l'analyse à l'interprétation* 32

Chapitre 1
DÉVOILEMENT ET SIGNALEMENT D'UN ABUS SEXUEL
Pascale MARTIN, Evelyne VAN POPPEL

1. **Le processus de dévoilement : freins et dynamique interactive** 36
   - 1.1. *Des freins au processus de dévoilement* 36
   - 1.2. *La capacité de parole et l'interlocuteur de l'enfant* 38
   - 1.3. *Le doute dans le processus de dévoilement* 40
   - 1.4. *La fausse allégation d'abus sexuel* 41
2. **L'acte de signalement : dilemme entre aide et punition** 43
   - 2.1. *Le signalement : point d'ancrage de l'action médico-psycho-sociale* 43
     - 2.1.1. Les principaux auteurs du signalement 44
     - 2.1.2. La mère de l'enfant : un rôle remarqué 48
     - 2.1.3. L'intervenant face au doute 50
   - 2.2. *Le signalement aux autorités judiciaires ou administratives* 53
     - 2.2.1. L'obligation de signalement 53
     - 2.2.2. Les intervenants face au signalement 55
     - 2.2.3. Faut-il rendre obligatoire le signalement aux autorités? 56

Chapitre 2
FAMILLES ET INTERVENANTS : DYNAMIQUES RELATIONNELLES
Véronique BEECKMANS, Jean-Pierre PASLEAU, Margarida PORTO

1. **Complexité et dimension systémique** 63
2. **Les professionnels ont des émotions** 64
3. **Représentations sociales des familles** 66
4. **Perceptions de la famille** 72
   - 4.1. *La mère de l'enfant abusé et son implication dans le processus abusif* 72
   - 4.2. *Lorsqu'il est question des auteurs d'abus sexuels intra-familiaux* ... 74
   - 4.3. *La perception de la collaboration des familles et prise en charge* .. 75
   - 4.4. *Le caractère transgénérationnel des abus* 77
5. **Mécanismes de défense et actions** 78
   - 5.1. *Suspicion et incertitude* 78
   - 5.2. *Réparation et prise en charge abusive* 80
   - 5.3. *Simplification et difficultés de collaboration* 82

6. Une dynamique culturelle 83
7. Pour une dynamique sociale et écologique 86

Chapitre 3
LE SYSTÈME D'INTERVENTION
LOGIQUES D'ACTION ET INTERACTIONS
Nathalie BURNAY, Joëlle MEYER, Françoise BERNARD

1. Intervention, actions et logiques d'action 91
   1.1. *L'urgence de l'intervention et la gravité de l'abus sexuel* 91
   1.2. *La durée de l'intervention* 93
   1.3. *Le contexte de l'intervention et ses limites* 94
   1.4. *Logiques d'action et intervention judiciaire* 96
2. L'intervenant face à lui-même 97
3. La concertation des systèmes d'aide 100
   3.1. *Collaboration entre intervenants* 100
   3.2. *Heurs et malheurs de la collaboration et de la concertation* 103
      3.2.1. Les difficultés de collaboration en général 104
      3.2.2. Collaboration avec les instances judiciaires 105
      3.2.3. Collaboration avec les équipes spécialisées 106
      3.2.4. Difficultés et besoins de catégories spécifiques d'intervenants. 111
   3.3. *Pluri-disciplinarité et concertation* 121
4. Une préoccupation centrale : la formation 124
   4.1. *Des contenus et des formes* 125
   4.2. *Une philosophie* 128

Chapitre 4
L'ENFANT VICTIME D'ABUS SEXUEL INTRA-FAMILIAL
Yves-Hiram HAESEVOETS, Fabienne GLOWACZ

1. L'enfant abusé, victime ou enjeu d'un système familial 132
   1.1. *Le système familial abusif :
        caractéristiques psycho-dynamiques et sociales* 132
   1.2. *Rôle et statut de l'enfant abusé dans son système familial* 134
   1.3. *L'enfant victime d'un héritage transgénérationnel* 136
   1.4. *L'enfant abusé à l'intérieur de sa famille :
        caractéristiques psycho-dynamiques* 139

1.5. Impact(s) de l'abus sexuel sur l'enfant.. 143
2. L'enfant abusé : parole et discours.. 150
   2.1. La parole de l'enfant, un cheminement de l'intime au social......... 150
   2.2. Discours de l'enfant abusé : opinions, perceptions et sentiments .. 152
   2.3. Crédibilité de la parole de l'enfant : doute chez l'intervenant?..... 154
3. L'enfant et le système d'intervention.. 157
   3.1. Quelle prise en charge?... 157
   3.2. L'éthique de la pratique thérapeutique.. 160
4. Vers une action préventive 161

CONCLUSIONS

BIBLIOGRAPHIE

Annexe
CATÉGORIES INSTITUTIONNELLES ET SIGLES UTILISÉS

CHEZ LE MÊME ÉDITEUR

PSYCHOLOGIE ET SCIENCES HUMAINES
collection publiée sous la direction de MARC RICHELLE

1 Dr Paul Chauchard : LA MAITRISE DE SOI. *9ᵉ éd.*
7 Paul-A. Osterrieth : FAIRE DES ADULTES. *16ᵉ éd.*
9 Daniel Widlöcher : L'INTERPRETATION DES DESSINS D'ENFANTS. *9ᵉ éd.*
11 Berthe Reymond-Rivier : LE DEVELOPPEMENT SOCIAL DE L'ENFANT ET DE L'ADOLESCENT. *9ᵉ éd.*
22 H. T. Klinkhamer-Steketée : PSYCHOTHERAPIE PAR LE JEU. *3ᵉ éd.*
24 Marc Richelle : POURQUOI LES PSYCHOLOGUES? *6ᵉ éd.*
25 Lucien Israel : LE MEDECIN FACE AU MALADE. *5ᵉ éd.*
26 Francine Robaye-Geelen : L'ENFANT AU CERVEAU BLESSE. *2ᵉ éd.*
27 B.F. Skinner : LA REVOLUTION SCIENTIFIQUE DE L'ENSEIGNEMENT. *3ᵉ éd.*
29 J.C. Ruwet : ETHOLOGIE : BIOLOGIE DU COMPORTEMENT. *3ᵉ éd.*
38 B.-F. Skinner : L'ANALYSE EXPERIMENTALE DU COMPORTEMENT. *2ᵉ éd.*
40 R. Droz et M. Rahmy : LIRE PIAGET. *3ᵉ éd.*
42 Denis Szabo, Denis Gagné, Alice Parizeau : L'ADOLESCENT ET LA SOCIETE. *2ᵉ éd.*
43 Pierre Oléron : LANGAGE ET DEVELOPPEMENT MENTAL. *2ᵉ éd.*
45 Gertrud L. Wyatt : LA RELATION MERE-ENFANT ET L'ACQUISITION DU LANGAGE. *2ᵉ éd.*
49 T. Ayllon et N. Azrin : TRAITEMENT COMPORTEMENTAL EN INSTITUTION PSYCHIATRIQUE
52 G. Kellens : BANQUEROUTE ET BANQUEROUTIERS
55 Alain Lieury : LA MEMOIRE
58 Jean-Marie Paisse : L'UNIVERS SYMBOLIQUE DE L'ENFANT ARRIERE MENTAL
59 Jacques Van Rillaer : L'AGRESSIVITE HUMAINE
61 Jérôme Kagan : COMPRENDRE L'ENFANT
62 Michel S. Gazzaniga : LE CERVEAU DEDOUBLE
64 X. Seron, J.L. Lambert, M. Van der Linden : LA MODIFICATION DU COMPORTEMENT
65 W. Huber : INTRODUCTION A LA PSYCHOLOGIE DE LA PERSONNALITE. *2ᵉ éd.*
66 Emile Meurice : PSYCHIATRIE ET VIE SOCIALE
67 J. Château, H. Gratiot-Alphandéry, R. Doron et P. Cazayus : LES GRANDES PSYCHOLOGIES MODERNES
68 P. Sifnéos : PSYCHOTHERAPIE BREVE ET CRISE EMOTIONNELLE
69 Marc Richelle : B.F. SKINNER OU LE PERIL BEHAVIORISTE
70 J.P. Bronckart : THEORIES DU LANGAGE
71 Anika Lemaire : JACQUES LACAN. *2ᵉ éd. revue et augmentée.*
72 J.L. Lambert : INTRODUCTION A L'ARRIERATION MENTALE
73 T.G.R. Bower : DEVELOPPEMENT PSYCHOLOGIQUE DE LA PREMIERE ENFANCE
74 J. Rondal : LANGAGE ET EDUCATION
75 Sheila Kitzinger : PREPARER A L'ACCOUCHEMENT
76 Ovide Fontaine : INTRODUCTION AUX THERAPIES COMPORTEMENTALES
77 Jacques-Philippe Leyens : PSYCHOLOGIE SOCIALE. *2ᵉ éd.*
78 Jean Rondal : VOTRE ENFANT APPREND A PARLER
79 Michel Legrand : LE TEST DE SZONDI
80 H.J. Eysenck : LA NEVROSE ET VOUS
81 Albert Demaret : ETHOLOGIE ET PSYCHIATRIE
82 Jean-Luc Lambert et Jean A. Rondal : LE MONGOLISME
83 Albert Bandura : L'APPRENTISSAGE SOCIAL
84 Xavier Seron : APHASIE ET NEUROPSYCHOLOGIE
85 Roger Rondeau : LES GROUPES EN CRISE?

86 J. Danset-Léger : L'ENFANT ET LES IMAGES DE LA LITTERATURE ENFANTINE
87 Herbert S. Terrace : NIM. UN CHIMPANZE QUI A APPRIS LE LANGAGE GESTUEL
88 Roger Gilbert : BON POUR ENSEIGNER?
89 Wing, Cooper et Sartorius : GUIDE POUR UN EXAMEN PSYCHIATRIQUE
90 Jean Costermans : PSYCHOLOGIE DU LANGAGE
91 Françoise Macar : LE TEMPS, PERSPECTIVES PSYCHOPHYSIOLOGIQUES
92 Jacques Van Rillaer : LES ILLUSIONS DE LA PSYCHANALYSE. 2ᵉ éd.
93 Alain Lieury : LES PROCEDES MNEMOTECHNIQUES
94 Georges Thinès : PHENOMENOLOGIE ET SCIENCE DU COMPORTEMENT
95 Rudolph Schaffer : COMPORTEMENT MATERNEL
96 Daniel Stern : MERE ET ENFANT, LES PREMIERES RELATIONS
97 R. Kempe & C. Kempe : L'ENFANCE TORTUREE
98 Jean-Luc Lambert : ENSEIGNEMENT SPECIAL ET HANDICAP MENTAL
99 Jean Morval : INTRODUCTION A LA PSYCHOLOGIE DE L'ENVIRONNEMENT
100 Pierre Oleron et al. : SAVOIRS ET SAVOIR-FAIRE PSYCHOLOGIQUES CHEZ L'ENFANT
101 Bernard I. Murstein : STYLES DE VIE INTIME
102 Rondal/Lambert/Chipman : PSYCHOLINGUISTIQUE ET HANDICAP MENTAL
103 Brédart/Rondal : L'ANALYSE DU LANGAGE CHEZ L'ENFANT
104 David Malan : PSYCHODYNAMIQUE ET PSYCHOTHERAPIE INDIVIDUELLE
105 Philippe Muller : WAGNER PAR SES REVES
106 John Eccles : LE MYSTERE HUMAIN
107 Xavier Seron : REEDUQUER LE CERVEAU
108 Moreau/Richelle : L'ACQUISITION DU LANGAGE
109 Georges Nizard : ANALYSE TRANSACTIONNELLE ET SOIN INFIRMIER
110 Howard Gardner : GRIBOUILLAGES ET DESSINS D'ENFANTS, LEUR SIGNIFICATION
111 Wilson/Otto : LA FEMME MODERNE ET L'ALCOOL
112 Edwards : DESSINER GRACE AU CERVEAU DROIT
113 Rondal : L'INTERACTION ADULTE-ENFANT
114 Blancheteau : L'APPRENTISSAGE CHEZ L'ANIMAL
115 Boutin : FORMATION ET DEVELOPPEMENTS
116 Húsen : L'ECOLE EN QUESTION
117 Ferrero/Besse : L'ENFANT ET SES COMPLEXES
118 R. Bruyer : LE VISAGE ET L'EXPRESSION FACIALE
119 J.P. Leyens : SOMMES-NOUS TOUS DES PSYCHOLOGUES?
120 J. Château : L'INTELLIGENCE OU LES INTELLIGENCES?
121 M. Claes : L'EXPERIENCE ADOLESCENTE
122 J. Hayes et P. Nutman : COMPRENDRE LES CHOMEURS
123 S. Sturdivant : LES FEMMES ET LA PSYCHOTHERAPIE
124 A. Pomerleau et G. Malcuit : L'ENFANT ET SON ENVIRONNEMENT
125 A. Van Hout et X. Seron : L'APHASIE DE L'ENFANT
126 A. Vergote : RELIGION, FOI, INCROYANCE
127 Sivadon/Fernandez-Zoïla : TEMPS DE TRAVAIL, TEMPS DE VIVRE
128 Born : JEUNES DEVIANTS OU DELINQUANTS JUVENILES?
129 Hamers/Blanc : BILINGUALITE ET BILINGUISME
130 Legrand : PSYCHANALYSE, SCIENCE, SOCIETE
131 Le Camus : PRATIQUES PSYCHOMOTRICES
132 Lars Fredén : ASPECTS PSYCHOSOCIAUX DE LA DEPRESSION
133 Mount : LA FAMILLE SUBVERSIVE
134 Magerotte : MANUEL D'EDUCATION COMPORTEMENTALE CLINIQUE
135 Dailly/Moscato : LATERALISATION ET LATERALITE CHEZ L'ENFANT
136 Bonnet/Tamine-Gardes : QUAND L'ENFANT PARLE DU LANGAGE
137 Bruyer : LES SCIENCES HUMAINES ET LES DROITS DE L'HOMME

138 Taulelle : L'ENFANT A LA RENCONTRE DU LANGAGE
139 de Boucaud : PSYCHOLOGIE DE L'ENFANT ASTHMATIQUE
140 Duruz : NARCISSE EN QUETE DE SOI
141 Feyereisen/de Lannoy : PSYCHOLOGIE DU GESTE
142 Florin et al. : LE LANGAGE A L'ECOLE MATERNELLE
143 Debuyst : MODELE ETHOLOGIQUE ET CRIMINOLOGIE
144 Ashton/Stepney : FUMER
145 Winkel et al. : L'IMAGE DE LA FEMME DANS LES LIVRES SCOLAIRES
146 Bideau/Richelle : PSYCHOLOGIE DEVELOPPEMENTALE
147 Schmid-Kitsikis : THEORIE CLINIQUE ET FONCTIONNEMENT MENTAL
148 Guggenbühl/Craig : POUVOIR ET RELATION D'AIDE
149 Rondal : LANGAGE ET COMMUNICATION CHEZ LES HANDICAPES MENTAUX
150 Moscato et al. : FONCTIONNEMENT COGNITIF ET INDIVIDUALITE
151 Château : L'HUMANISATION OU LES PREMIERS PAS DES VALEURS HUMAINES
152 Avery/Litwack : NEE TROP TOT
153 Rondal : LE DEVELOPPEMENT DU LANGAGE CHEZ L'ENFANT TRISOMIQUE 21
154 Kellens : QU'AS-TU FAIT DE TON FRERE?
155 Rondal/Henrot : LE LANGAGE DES SIGNES
156 Lafontaine : LE PARTI PRIS DES MOTS
157 Bonnet/Hoc/Tiberghien : AUTOMATIQUE, INTELLIGENCE ARTIFICIELLE ET PSYCHOLOGIE
158 Giovannini et al. : PSYCHOLOGIE ET SANTE
159 Wilmotte et al. : LE SUICIDE
160 Giurgea : L'HERITAGE DE PAVLOV
161 Ionescu : MANUEL D'INTERVENTION EN DEFICIENCE MENTALE N° 1
162 Ionescu : MANUEL D'INTERVENTION EN DEFICIENCE MENTALE N° 2
163 Pieraut-Le Bonniec : CONNAITRE ET LE DIRE
164 Huber : PSYCHOLOGIE CLINIQUE AUJOURD'HUI
165 Rondal et al. : PROBLEMES DE PSYCHOLINGUISTIQUE
166 Slukin : LE LIEN MATERNEL
167 Baudour : L'AMOUR CONDAMNE
168 Wilwerth : VISAGES DE LA LITTERATURE FEMININE
169 Edwards : VISION, DESSIN, CREATIVITE
170 Lutte : LIBERER L'ADOLESCENCE
171 Defays : L'ESPRIT EN FRICHE
172 Broome Wallace : PSYCHOLOGIE ET PROBLEMES GYNECOLOGIQUES
173 Aimard : LES BEBES DE L'HUMOUR
174 Perruchet : LES AUTOMATISMES COGNITIFS
175 Bawin-Legros : FAMILLES, MARIAGE, DIVORCE
176 Pourtois/Desmet : EPISTEMOLOGIE ET INSTRUMENTATION EN SCIENCES HUMAINES
177 Sloboda : L'ESPRIT MUSICIEN
178 Fraisse : POUR LA PSYCHOLOGIE SCIENTIFIQUE
179 Ruffiot : PSYCHOLOGIE DU SIDA
180 McAdams/Deliège : LA MUSIQUE ET LES SCIENCES COGNITIVES
181 Argentin : QUAND FAIRE C'EST DIRE...
182 Van der Linden : LES TROUBLES DE LA MEMOIRE
183 Lecuyer : BEBES ASTRONOMES, BEBES PSYCHOLOGUES : L'INTELLIGENCE DE LA 1ʳᵉ ANNEE
184 Immelmann : DICTIONNAIRE DE L'ETHOLOGIE
185 Collectif : ACTEUR SOCIAL ET DELINQUANCE
186 Fontana : GERER LE STRESS
187 Bouchard : DE LA PHENOMENOLOGIE A LA PSYCHANALYSE
188 Chanceaulme : MOURIR, ULTIME TENDRESSE
189 Rivière : LA PSYCHOLOGIE DE VYGOTSKY

190 Lecoq : APPRENTISSAGE DE LA LECTURE ET DYSLEXIE
191 de Montmolin/Amalberti/Theureau : MODÈLES DE L'ANALYSE DU TRAVAIL
192 Minary : MODÈLES SYSTÉMIQUES ET PSYCHOLOGIE
193 Grégoire : ÉVALUER L'INTELLIGENCE DE L'ENFANT
194 Gommers/van den Bosch/de Aguilar : POUR UNE VIEILLESSE AUTONOME
195 Van Rillaer : LA GESTION DE SOI
196 Lecas : L'ATTENTION VISUELLE
197 Macquet : TOXICOMANIES ET FORMES DE LA VIE QUOTIDIENNE
198 Giurgea : LE VIEILLISSEMENT CÉRÉBRAL
199 Pillon : LA MÉMOIRE DES MOTS
200 Pouthas/Jouen : LES COMPORTEMENTS DU BÉBÉ : EXPRESSION DE SON SAVOIR ?
201 Montangero/Maurice-Naville : PIAGET OU L'INTELLIGENCE EN MARCHE
202 Colin A. Epsie : LE TRAITEMENT PSYCHOLOGIQUE DE L'INSOMNIE
203 Samalin-Amboise : VIVRE À DEUX
204 Bourhis/Leyens : STÉRÉOTYPES, DISCRIMINATION ET RELATIONS INTERGROUPES
205 Feltz/Lambert : ENTRE LE CORPS ET L'ESPRIT
206 Francès : MOTIVATION ET EFFICIENCE AU TRAVAIL
207 Houziaux : ÉDUCATION DU PATIENT ET ORDINATEUR
208 Roques : SORTIR DU CHÔMAGE
209 Bléandonu : L'ANALYSE DES RÊVES ET LE REGARD MENTAL
210 Born/Delville/Mercier/Snad/Beeckmans : LES ABUS SEXUELS D'ENFANTS

Manuels et Traités

Droz-Richelle : MANUEL DE PSYCHOLOGIE
Hurtig-Rondal : MANUEL DE PSYCHOLOGIE DE L'ENFANT (Tome 1)
Hurtig-Rondal : MANUEL DE PSYCHOLOGIE DE L'ENFANT (Tome 2)
Hurtig-Rondal : MANUEL DE PSYCHOLOGIE DE L'ENFANT (Tome 3)
Rondal-Seron : LES TROUBLES DU LANGAGE (DIAGNOSTIC ET REEDUCATION)
Fontaine/Cottraux/Ladouceur : CLINIQUES DE THERAPIE COMPORTEMENTALE
Godefroid : LES CHEMINS DE LA PSYCHOLOGIE